CB064258

**UMA
POESIA
PARA
CADA
DIA**

Copyright © 2021 por Lura Editorial
Todos os direitos reservados.

Gerente Editorial
Roger Conovalov

Preparação
Aline Assone Conovalov

Diagramação
Lura Editorial

Capa
Rafael Nobre

Revisão
Sabrina Levensteinas
Mitiyo S. Murayama

Impressão
Imprensa da Fé

Dados Internacionais de Catalogação na Publicação (CIP)
(Câmara Brasileira do Livro, SP, Brasil)

P745

Uma poesia para cada dia / Lura Editorial (Organização) – São Caetano do Sul-SP: Lura Editorial, 2021.

Vários autores

240 p.; 15,5 X 23 cm

ISBN 978-65-84547-22-3

1. Poesia. 2. Coletânea. 3. Literatura brasileira. I. Lura Editorial (Organização). II. Título.

CDD: B869.108

Índice para católogo sistemático
I. Poesia : Coletânea

Janaina Ramos – Bibliotecária – CRB-8/9166

[2021]
Lura Editorial
Rua Manoel Coelho, 500, sala 710, Centro
09510-111 - São Paulo - SP - Brasil
www.luraeditorial.com.br

UMA POESIA PARA CADA DIA

ORGANIZAÇÃO: **LURA EDITORIAL**

APRESENTAÇÃO

É com imensa satisfação que apresento a você, leitor, o projeto poético mais ambicioso das antologias da Lura Editorial. Ambicioso no sentido de grandioso, imponente. Ambicioso pois não cabia só em nossas intenções: editar um livro de luxo em capa dura dos melhores versos de autoras e autores espalhados por diferentes regiões do Brasil e do mundo.

Com o objetivo de colocar em palavras e versos a grandiosa força da expressão do DIA. Podemos dizer que, como pais orgulhosos, selecionamos mais de duzentos poemas. Duzentos textos da forma mais pura e singela da literatura, a poesia.

Todo dia é dia de poesia. Este pequeno intervalo de horas, do nascente ao poente, oferece a nós a chance de realizarmos o novo, de contemplarmos uma folha em branco, rica em possibilidades e com uma paleta inteira de cores para colorirmos.

Para um ano, um novo dia pode não parecer muito, mas é uma chama de esperança que acende em nosso ser, que mantém nosso entusiasmo. É a celebração do hoje que chegou e de que amanhã outro dia virá. De que o ontem foi deixado irremediavelmente para trás e o agora, este exato momento, é tudo o que temos, tanto para agradecer, remediar, planejar e para agir.

Neste compilado, você será presenteado, a cada nova manhã, com uma poesia. Uma poesia para cada dia.

Um bom dia e uma ótima leitura,
EQUIPE DA LURA

SUMÁRIO

LAÇOS DOURADOS 21
Zenilda Ribeiro

O DIA 22
Maria Bernadete Bernardo de Oliveira

NECESSIDADES DIÁRIAS 23
Rodrigo Araújo

ODE À ARTE DA VIDA 24
Mauro Felippe

DIAS NUBLADOS... 25
Marcel Esperante

DESPERTAR DO AGORA 26
Juliana Marinho

UM DIA 27
Amanda Pereira Santos

EU, TU, ELES, NÓS 28
Tati Klebis

CERZIDO DE UMA NOITE 29
Marta Xavier (GTDS)

HOJE 30
Céu Passos

E TUDO BEM 31
Céu Passos

PELA NOTE 32
Eduardo Maciel

POESIA EM SOPRO 33
Kermerson Dias/Café e Prosa

DESABROCHAR DE UM NOVO DIA 34
Dorlene Macedo

AS TARDES AS MANHÃS 35
Adriano Lobão Aragão

QUARENTENA, DIA 243 36
Aline dos Santos Portilho

UM DIA QUALQUER 37
Márcia Mendonça Ruhland

ENTRESSONHO DO DIA 38
Márcia Mendonça Ruhland

UM NOVO DIA 39
Angelita Gomes Fontenele Rodrigues da Cunha

UM DIA ANTES DO FIM 40
E.C. Reys

A ESPIRAL DO DIA 41
Amanda Carvalho Souza

O QUE FAZ SUAS PUPILAS DILATAREM? 42
Cristiano Casagrande

O CAFÉ 43
Cristiano Casagrande

DIA PERFEITO! 44
Su Canfora

SEGUIMENTO 45
Dpaolo

AMANHECER DIFERENTE 46
Vinicius Oliveira

VAPORES PANAMENHOS 47
Bruno Andreoli

LÁGRIMAS DO SOL 48
Ernane Bernardo

ASSIM APRENDO A VIVER! 49
Antenor Mario

JÁ É DIA DE VIVER? 50
Poeta Galosi

SETE DIAS 51
Raquel Pereira Carvalho

UM NOVO DIA 52
Mary Pinheiro

DIA DE BÊNÇÃOS 53
Renata Vasconcelos

O DIA AVANÇA, FICAM AS TUAS MÃOS 54
Ferdinand Pereira

TODO DIA ERA DIA DELES **55**
Rejane Luci

O DIA E A SUA EXISTÊNCIA **56**
Telma Marques

O DIA! **57**
Charles Oto Dickel

SONHOS DE ALGODÃO **58**
Jamilly Vilela

MEUS VOTOS **59**
Alice Castro

O AMANHECER **60**
Lolita Garrido

TODO DIA **61**
Gabs Batista

UMA PRESENÇA SEM NOME NUM DIA SEM CALENDÁRIO **62**
Andrea Frossard

NOVOS DIAS **63**
Dante

A GOSTO **64**
Saya

DIAS IDOS **65**
Angela Schettini

FLORESÇA **66**
Jairo Sousa

A SOLIDÃO DOS MEUS DIAS **67**
Ana Cordeiro

ESTE BELO DIA **68**
Raffah Freitas

FIM DO DIA **69**
Dany Borges

CORTINA **70**
Jonas Marinho

CORAGEM! ELE ESTÁ AÍ **71**
A. Filho

A TRAJETÓRIA DE UM DIA	72
Maria Ildete	
DIA D	73
Cláudia Passos	
EM DIA LOGOS	74
Pedro d'Lima	
A CANÇÃO DO DIA	75
Gilberto Medeiros	
DIA DE ESPERANÇA	76
Fernanda Lícia de Santana Barros	
PARA TODO TEMPO	77
Waléria Soares	
GIRA E VOLTA	78
Bibi Oliveira	
CIZENO CINZA	79
Natalha Muniz de Andrade	
SOB O SOL	80
Ananda Vardhana Devi Dasi	
BOM DIA	81
Verlaine Pretto	
DIA	82
Verlaine Pretto	
PROCURA	83
Lindaura Santana	
RIVUS RIVALIS	84
César A. Pereira	
CLAREZA	85
Scalco	
GIRASSOL	86
Pablo Quinalia	
LÁ DA REDE	87
Ágda Franco Barrêto	
LEMBRANÇA	88
Jessica dos Anjos	

AMANHECE 89
Maricy Montenegro

UM OLHAR PARA A VIDA 90
Regina Campos

VALDÍVIA AO SUL AUSTRAL 91
Carlos A. Hernández A.

UM MINUTO DE CADA DIA 92
Franncis Antunes de Souza

TODO DIA O MESMO DIA 93
Laura Rosa

DANÇANDO COM AS MEMÓRIAS 94
Camila Araújo

DIA! 95
Lilly Magaflor

MAUS DIAS, BONS DIAS 96
Sérgio C. S. Alves

DESPERTAR 97
Cristina Godoy Cerqueira Leite

VIVER 98
Michelle Romanhol

NOVO DIA, NOVO APRENDIZADO 99
Selma Reis

RENOVO 100
Valéria Neves da Costa

AMANTE ABUSIVA 101
Roberta F.S. Gonçalves

DIA DE VERÃO 102
Rejane Araújo

DIAS ACINZENTADOS NO MEU PRÓPRIO ALTER EGO 103
Eliel C. Ferreira

DIA DE CONSTRUÇÃO 104
Marisa Toth

SOBRE O DIA E A MEMÓRIA 105
Maria Luiza Firmino

SER SOL **106**
Mila Domingos

UM DIA FRIORENTO **107**
Hilda Chiquetti Baumann

BEM-TE-VIS **108**
Pedro Passos

DIAS REPETIDOS **109**
Jane Barros de Melo

O ÚLTIMO TOQUE **110**
Francisca Oliveira

AS DORES DO PROCESSO **111**
Nathalia Louise Prado

ABACATEIRO **112**
Nathalia Louise Prado

RITUAL **113**
Félix Barros

UM HINO AO DIA **114**
Euri Ferreira

CONSELHETO **115**
Nanci Otoni

DIA **116**
Ana Cristina Santos

A NUVEM E O SOL **117**
Erika Rodriguez

DIAS POENTES **118**
Tavinho Limma

UMA SEGUNDA-FEIRA QUALQUER **119**
Manoel Hélio Alves

EMPODERADO **120**
José Wellington Gomes da S. Lemos

SOBRE PASSARINHOS, INSETOS, CRIANÇAS E AÇÚCAR! **121**
Sueli Ordonhes

ESPETÁCULO DA VIDA **122**
Beatriz C. Mattos

SOL GIRASSOL **123**
Deuzeli Linhares

O ACORDAR DOS DIAS **124**
Sueli Nascimento

SOU O DIA **125**
Ge Lima

DIAS EM MIM **126**
Maikson Damasceno Fonseca Machado

A BORDO TODOS OS DIAS **127**
Elianes T. Klein

DIA NUBLADO! **128**
Marlene Godoy

HOJE É DIA **129**
Antonia Barros

ESCOLHAS **130**
Valdenísia Macedo

O DIA DA UTOPIA **131**
Edson Nogueira

PERCEPÇÃO **132**
Patricia Baldez

SOL INTERIOR **133**
Nicoli Cristine Ruprecht

PARTÍCULAS DO TEMPO **134**
Helena Tekka

OUTRA TARDE DE VERÃO **135**
Ruan Sousa

SINO VITAL **136**
Caren Schultes Borges

QUANDO É MAIS DO QUE ZERO **137**
Mariáh D'Ávila

DIÁRIO DE BORDO **138**
Mariáh D'Ávila

BOM DIA! **139**
Regina Marinho

CÉU DO DIA 140
Mirelle Cristina da Silva

POEMA DE MAIS UM DIA 141
Walter Handro

DIA DE FOLHAS RASGADAS 142
F. Lestrabic

DIA 143
Selma Luciana

AMANHECE 144
João de Deus Souto Filho

RECOMEÇO 145
Nádia Bandeira

TRANSPARECENDO EMOÇÕES 146
Adriana Camarão

O DIA NO QUAL ACORDEI 147
Mariana D'Andretta

DIA DE ESPERANÇAR 148
Lucimar Francisco Rosa

DIÁ-RIO 149
Juh Lazarini

DIA DE PARQUE 150
Patrícia Calegari

O DIA DE FRANCISCA 151
Maria da Conceição Custódio Valdivino

NAQUELE DIA 152
Jaqueline Bastos

COTIDIANO SENSUAL 153
Alef Divino

EU SEI QUE TODO DIA É UM DIA 154
Leonardo T. Domingues

NOSSOS AMORES 155
Mara Pereira

UM DIA NO CIRCO 156
Neusa Amaral

PAUSAS **157**
Amélia Krobeld

DIA CLARO, CÉU AZUL **158**
Artur Pires Custódio

CICLO DA VIDA **159**
Francelmo Farias

CADA DIA COM SUA BELEZA **160**
Lillian Melo

TEMPO DO PORVIR **161**
Lafrança

O DESPERTAR **162**
Juliana Ester Lunkes

VIVEMOS TODOS OS DIAS **163**
Bébé

EQUINÓCIO **164**
Mila Bedin Polli

CONJUGALIDADE ASTRAL **165**
Télia Lima

POEMA DO TEMPO QUE TUDO LEVA **166**
Lorde Gonzatova

JOGO DE ASTROS **167**
Clara Barreiros

SERENIDADE **168**
Clara Barreiros

VI...VER **169**
Leonardo S. C. Campos

O DIA PARA UMA CRIANÇA! **170**
Sonia Niehues

DIA **171**
Telma Alves

A ALMA DO MEU DIA **172**
Marco Antonio Palermo Moretto

DIA APÓS DIA **173**
Graça Lopes

O DIA AMANHECE! 174
Vera Raposo

METAMORFOSE 175
Luzinete Fontenele

A ESPERANÇA QUE RELUZ NO SOM DO SOL 176
Adrianna Alberti

DIARIAMENTE 177
Georgia Annes/Versos Soltos por Aí

DELEITE DAY 178
Maycon Gual

SONETO DE SÃO JOÃO 179
Veridiana Avelino

BASTA UM DIA? 180
Anna Rodrigues

ENTRE UM DIA E OUTRO DIA 181
Anna Rodrigues

ABRIL E NOVEMBRO 182
Ticiano Leony

INFINDO 183
Higor Benízio

SONETO DO DIA 184
Adriana Ranzani

AURORA DE LUZ 185
Anamar Quintana

INDAGAÇÕES PARA UM DIA DE OUTONO 186
Fátima Mota

ACORDAR COM POESIA 187
Cátia Porto

FLORES E SOL, PARA UM NOVO DIA 188
José Fernandes

DEIXA VER, DEIXA VIR, DÉJÀ VU 189
Neto José

24H DO DIA 190
Ana Laura Figueiró de Sousa

DIA DE DOMINGO (SEM TIM MAIA) **191**
João Julio Diogo de Almeida

SONETO AMANHECIDO **192**
Antonio Augusto Teixeira Pinto de Moraes

NOVA AURORA **193**
Aline Detofeno

CONTRAMÃO **194**
Marineuma de Oliveira

NO MEIO DO DIA **195**
Wesley Lyeverton Correia Ribeiro

UM DIA, UMA SAUDADE **196**
Marcos José de Vasconcelos

O DIA **197**
Ronaldson Sousa

AQUARELA DE DIAS **198**
D'Lourdes

O (RE)COMEÇO DE UM DIA **199**
Caroline Knup Tonzar

RENASCER **200**
Dolores Calegari

RENASCENDO... .... **201**
Eneida Monteiro Nogueira

EPIFANIA **202**
Eliane de Andrade Krueger

DIA DE SOL **203**
Isa Oliveira

DIA EM ESPIRAL **204**
Ana Barcellos

BOM DIA, VIDA! **205**
Rozana Nascimento

SAGRADAS CONEXÕES A CADA DIA **206**
Patrícia Adjokè Matos

ACONCHEGO MATINAL **207**
Suélio Francisco de Souza

JANELA DA VIDA, DIA A DIA 208
Rosa Gonçalves

ROTINA MATINAL 209
Leandro Souza

RECRIANDO A VIDA 210
Dani Sousa

FÉ A CADA ALVORADA 211
Grasiela Estanislaua Konescki Führ

O ENTARDECER 212
Maria José Oliveira

REMANSO 213
Marilda Silveira

AURORA 214
Luiz Andrade

DIA DE RESGATE 215
Isabel

DIA DE CHUVA, CHUVA DE DIA 216
Fernanda de Oliveira Anhaia

BRISA 217
Richxrd Rxmillo

PÉROLA DA MANHÃ 218
Sannyr

DIAS E DIAS 219
A Gaivota

MAIS UM DIA 220
Alexine Velinho

SENSAÇÕES DE UM DIA QUALQUER 221
Thaís Solano

DIA 222
Carlos Daniel Dojja

O DIA DE SER FELIZ 223
Luiz Carlos Guglielmetti

TUDO QUE PASSOU 224
Tiago Coutinho Ramazzini

TESOURO 225
Angela Guimarães

SOBRE OS DIAS CONTAR 226
Cláudia Gerolimich

NOVA MANHÃ 227
Rossidê Rodrigues Machado

HORIZONTE 228
Martha Cardoso

PEITO TEMPESTADE 229
Taiara Giffoni

PONTO FINAL 230
Káthia Gregório

UMA VÍRGULA DE PRESENTE 231
Ismênia Alexandre

CONTENÇÃO 232
Breno Fittipaldi

POESIAS QUIXOTESCAS (MOINHOS E VENTOS) 233
Rodrigo K.

HOJE 234
Bibiana Iop

PRIMAVERA 235
Srta. Cabernet

AMANHECER 236
Alethea Silveira

DIAS E CAFÉ 237
Lidiane Telles

SEMANÁRIO (HAICAIS) 238
Luis Lucini

LAÇOS DOURADOS
Zenilda Ribeiro

Ele chegou.
Ele chega sempre e sem atrasos.
Ele se dá totalmente e sem reservas.
A mim, a você, a nós.
Ele é um presente, meu presente, teu presente.
Mas atente: ele passa.
E logo vem outro, e outro, e outros.
Todo dia, um novo dia.
Que chega enfeitado
Com laços dourados.
Para ser desembrulhado.
Minuto por minuto,
segundo por segundo.
Todos os dias
o novo dia se apresenta.
Acolha o seu presente.
Desfrute do novo dia.
Pode ser seu último.
Ou seu melhor dia.

O DIA

Maria Bernadete Bernardo de Oliveira

Enquanto o dia sai viajante
o sol pinta as folhas e troca-se a estação.

Faz-se da estrada concreta
de abundante singeleza
um burlesco inventário de uma memória secreta.

Ao colo, passos que se balançam
diluem-se no horizonte
dos que aos olhos correram
nas águas rebentas do mar.

Como sono que se paralisa
o tempo penetra noutra dimensão
amplia-se em saudosas vertigens
quando o dia vai se deitar.

Pois fatigado ele também adormece.

E há nessa hora quem faça o caminho de volta.
São amantes, loucos e poetas
esses que guardam o dia
e surgem
espreitando a noite.

NECESSIDADES DIÁRIAS
Rodrigo Araújo

É preciso viver todo dia
E saber morrer cada dia
E ter dias para se arrepender.
É preciso amar todo dia
Arrancando de dentro alegria
Para zombar do desfalecer.

É preciso não se ter algum dia
E poder se entregar à magia
Da loucura do reconhecer.
É preciso toda euforia
De palavras em afasia
No silêncio sem se conter.

É necessária uma boa agonia
No corpo tépido que arrepia
Com pulsos a se exceder.
É preciso nascer em revelia
Com liberdade que irradia
No sol de cada amanhecer.

É preciso enxergar ousadia
Com receios e covardia
Mas ter forças para prevalecer.
É preciso acordar todo dia
Como quem assim se daria
O perdão e o se refazer.

ODE À ARTE DA VIDA

Mauro Felippe

Um dia, coube aos queridos
A linda missão de imortalizarem...
Os bichos, as pessoas, as palavras
As histórias dos que aqui viveram.

Daí, Deus veio e os batizou
Como pioneiros da benevolência
Da arte do bem viver
Das bênçãos sem oportunidades.

Uns andam com santos nas mãos
Oram sem saber o que é misericórdia
Outros pertencem às outras religiões
Por entenderem o que Deus propôs.

Despedi-me muitas vezes dos queridos
Uns pela distância, outros desta vida
Mas fiquei aqui vivendo...
Dando graças às novas vidas que vêm chegando.

DIAS NUBLADOS...
Marcel Esperante

na
calma vazante
dos rios
dias deslizam em margens vãs
fugas em riste, tristes dias húmidos
entre palmos de terra nascem
tuas raízes
profundamente aéreas
como um amálgama
melancólico de coisas boas
e rusgas, eu te encontro
abrindo frestas em meio
à rotina das nuvens
entrevejo a tempestade
reticentes raios de sol aproximam-se
chove em algum destes mundos
sorvo a última gota
lágrima seca que não escorre
mas desce
inundando o último
gole de luz
que
alivia
!

DESPERTAR DO AGORA

Juliana Marinho

E se o tempo parasse
No exato momento em que o sol surgisse
Com todo o seu esplendor
E o mar viesse calmo derramar a sua espuma para limpar a alma

E se o tempo parasse
No inocente sorriso de uma criança
Louca para desvendar o mundo e degustar sem pressa cada sabor do novo dia

E se o tempo parasse
No aconchego do seu lindo sorriso
Acompanhado pelo delicioso afago dos seus olhos encontrando-se com os meus

E se o tempo parasse
Na data mais importante da vida
Na cerimônia sonhada ou no encontro ansiosamente aguardado

E se o tempo parasse
No dia de hoje
No minuto do agora
Neste mesmo instante
Eu lhe diria que a felicidade existe e vive muito perto, dentro do meu coração

UM DIA
Amanda Pereira Santos

Abro os olhos
Vejo o céu azul
Sinto o sol quente em minha pele

Inspiro
Expiro

Agradeço

O passado não importa
Já o futuro é incerteza

O que faremos hoje?

EU, TU, ELES, NÓS
Tati Klebis

Eu rio um riso solto
ao vento, ao léu, ao céu,
um riso profundo como o rio
que vagueia sob o sol.

Tu vens como uma brisa
lânguida, morna, fresca, macia,
que acaricia a alma
e sem pesar, invade e traz calma.

Eles correm sem medo
de ser, de ver, de sentir, de agir,
alçando voos ao infinito,
compartilhando corações escolhidos.

Nós, como ontem, hoje e amanhã,
aqui, ali, lá e acolá,
uma família unida, reunida, sempre,
todos os dias, um dia de cada vez.

CERZIDO DE UMA NOITE
Marta Xavier (GTDS)

A noite quer companhia.
Ela desperta alguns do esplendor onírico,
ou sequer permite sonhar.
Quer exclusiva atenção,
no deserto da escuridão
e no silêncio d'alma:
Zumbido da consciência
inconsciente dos rodeios.

Uma má audição?

Canto dos grilos,
Choro,
Latidos,
Pios.

Sorrateira,
silenciosa,
flui embora,
longe do dia que a apavora.

Te presenteia com alvorada
do nascer que aflora!

HOJE
Céu Passos

Hoje, só de propósito acordei faceira
E vou estampar no meu rosto,
Mesmo que você não queira,
Um sorriso bonito e pronto!
Vou colocar vasos com flores na janela
E me banhar com erva perfumada:
Jasmim, alecrim e canela
Para que nunca me falte amor,
Alegria nem comida na panela
No cabelo vou colocar uma margarida
E atrás da orelha um galhinho de manjericão,
Porque gente amada é gente florida
E a palavra do dia é superação!

E TUDO BEM
Céu Passos

Nem sempre os dias são bons
Nem sempre as nuvens estão no céu
Nem sempre a chuva cai
Nem sempre o céu é azul
Nem sempre os pássaros cantam
Nem sempre estamos bem
Mas...
Quase sempre o dia amanhece lindo
Quase sempre há um amor para encontrar
Quase sempre há quem nos queira
Quase sempre também queremos alguém
Quase sempre os pássaros voam
Quase sempre os dias são bons
Não dá para ficar esperando
Dias melhores para ser feliz
E tudo bem!

PELA NOITE

Eduardo Maciel

É pela noite que percebo o dia
No quando o agora já é passado.
Através da Lua, que Sol irradia.
Que vai colocando meu dia de lado

Espero a manhã que se anuncia
Mesmo tendo de esperar um bocado
Aguardo o momento com alegria
Novo nascer de um dia terminado

Quando chega a hora, sinto alento
No ontem, eu deixo toda a lembrança
Sem precisar fazer qualquer movimento

Pois sei, e desde que eu era criança:
Se o hoje foi quem trouxe sofrimento
Estará no amanhã a esperança

POESIA EM SOPRO

Kermerson Dias/Café e Prosa

Às vezes a gente precisa lançar ao vento nossos desejos e sonhos,
soprar nossos melhores sentimentos
e deixar espalhar-se por lugares e pessoas
que nem sequer pensávamos tocar.

A gente precisa germinar o bem com as nossas menores sementes.
O bom é apoiar-se nas coisas que vêm do coração.

Para uma alma sensível,
até mesmo um dente-de-leão vira poesia num sopro.

DESABROCHAR DE UM NOVO DIA

Dorlene Macedo

Surgem no horizonte as cores da aurora, os primeiros raios solares,
Feixes de luzes, claridade, esplendor
Anunciam o amanhecer de um novo dia
Com ele a certeza do maior fenômeno da mãe terra
Exuberância em sons matinais
Fenômeno espetacular, ofertado pela natureza e espécies afins
Orquestra melódica, vários sons, tons, vozes, melodia para os ouvidos
Um coral surreal, uma beleza de forma harmoniosa que gera um
Bem-estar geral no coração e na alma.

O ser humano é dotado de sentidos que, aflorados, são verdadeiros gatilhos adaptativos e sensitivos e aguçados, maravilhas como: ver, ouvir, sentir, tocar, perceber os sons do ambiente e sentir em toda sua plenitude e grandeza.

O novo dia traz esperança e a certeza de que é uma dádiva divina poder recomeçar a cada alvorecer, é um presente a chance de fazer acontecer, consertar o que deu errado, correr atrás do que almeja: sonhos ainda acalentados.

O novo é próspero, mana o desejo...

Novo dia é vida que segue o dom de Deus.

AS TARDES AS MANHÃS
Adriano Lobão Aragão

as tardes quentes e iguais a todas as outras as manhãs
desprovidas de ânsias vãs seguem lentamente aos currais
como se guardassem mais que o passado dos dias de amanhã

e perene a si tece a tarde disposta sobre nós
como noite de homem só como tempo que não se mede
agudo vento que segue sem rumo sem prumo sem voz

iguais a todas as outras se tramam em nós as marcas
em caminho aberto à faca como vento leva suas folhas
iguais a todas as horas na erma eternidade do nada

e perene a si tece a tarde disposta sobre nós
as tardes quentes e iguais a todas as outras as manhãs

QUARENTENA, DIA 243

Aline dos Santos Portilho

De noite os cachorros, de dia os pássaros
Todos muito contentes e salientes
Cantarolam suas cantigas latidas e gorjeadas
Reverberam pelo ar seco suas lamúrias
Assim como eu, se rasgam a expressar

Imito os cachorros e os pássaros
Sulco o ar com palavras

Palavra, latida e gorjeio
Produto e meio
Resultado e processo
Suporte e material

São tudo o que resta dos dias arrastados demais
No meio da quarentena.

UM DIA QUALQUER
Márcia Mendonça Ruhland

Como se fora uma mera coincidência
Ou apenas uma obrigação natural
Ele se pôs no lugar dela.
Engoliu sua alegria
Abriu seus braços
Foi às compras e pôs-se a cozinhar.
Guardou seu silêncio em uma das gavetas do quarto
Colocou sua felicidade e seu passado na prateleira do corredor
E esqueceu que era feliz.
E, assim, tomou para sempre a dor que era dela.
Só dela.
Porque agora ela não é mais dor.

ENTRESSONHO DO DIA

Márcia Mendonça Ruhland

Divagava aquele caminho na meninice
Borboleteava naquela subida íngreme
Que a deixava andar a esmo.
Adejava suas asas
Perdia-se em cogitações
Voejava com seu vestido de organdi engomado pela passadeira.
Preferia pensar que seu caminhar era sem rumo
Sempre foi perfeita em imaginações e fantasias
Sonhava indistintamente todos os dias.
Ao chegar um pouco além da metade do morro
Conseguia avistar sua mãe emoldurada pela janela
Um pouco atrás da floreira coberta de petúnias.
E nesse momento era chegada a hora de acenar à sua matriarca
Provando que já tinha idade e juízo para andar sozinha
Agora começava a estranha sensação.
O temor
Tarde demais
Já adentrava àquela fria sala
Onde fazia as aulas de piano.

UM NOVO DIA

Angelita Gomes Fontenele Rodrigues da Cunha

Os dias que vivemos
Nos fazem chorar
São dias de dores
Por vidas que partem
Mas são também de esperança
E de reinvenção
São dias de sonhar
Com um agir normalmente
De andar por aí
Olhando olho a olho
Com sorrisos (re)encontrados
Novos gestos de gratidão
Com rostos vibrantes
E serenos olhares
Abraços apertados
Por efeito de afetos
Que cada um construiu
Nas ruas muita gente
Que vai e que vem
Crianças brincando
Em doce harmonia
Enquanto olhamos as estrelas
Comemorando o nascer
De um novo dia!

UM DIA ANTES DO FIM
E.C. Reys

Alguém me disse que a poesia tem de rimar
Que sem métrica
A palavra escrita fica sem par

Alguém me disse, falou, brigou e não me entendeu
Eu queria que visse
Que naquele dia já não era mais eu

Um corpo cansado, doente
Um coração machucado tentando fugir da dor
Insana mente

Olhar e não ver saída
Pode não ser falta de amor
Não ver sentido na vida

Alguém esqueceu
Que melhor que estar perto
É cuidar como se fosse seu
E que a rima da poesia
Pode não ser alegria, ou o que você queria

Quando alguém pedir ajuda à sua porta
Pare um pouco e ouça
Um dia antes do fim, quando ainda importa

A ESPIRAL DO DIA
Amanda Carvalho Souza

hoje é domingo, um dia logo depois do dia que já foi

foi o homem que decretou o dia,
vendo o planeta se contornar
olha só, que ironia
a terra gira em torno dela mesma
será que ela quer se olhar?

eu me escrevi em poesia
numa dessas tardes em que a luz se esconde
eu poderia ter fugido
mas se eu tentasse fugir do eu, eu iria parar aonde?

dou um giro em torno de mim mesma
e me percebo a transbordar
vou caindo e me recompondo
o devir tem urgência em me transformar

vou lembrando que nada é
vou quebrando os meus decretos
se os nossos sonhos são abstratos
por que nós deveríamos ser concretos?

hoje está sendo domingo

O QUE FAZ SUAS PUPILAS DILATAREM?

Cristiano Casagrande

O que faz suas pupilas dilatarem?
Quem faz suas pupilas dilatarem?
A luz, o fogo, a paixão, o amor
Coração acelerado, pulsando em ardor

Quem faz os seus olhos brilharem?
O coração feliz palpitar
Quente, irradiando alegria
Sorriso perfeito contagiando seu dia

Seus gestos, seu olhar, sua beleza
Seus cabelos, seu cheiro, sua voz
Acendem o prazer e a ternura

Ela vem com toda a sua destreza
Só consigo pensar em nós
Em êxtase, deleito-me em sua doçura.

O CAFÉ
Cristiano Casagrande

Tomando meu café da manhã,
fiquei viajando na fumacinha que subia da caneca de café quente.
Lembrei-me de que quando era criança gostava de ficar olhando a
fumacinha do café,
ascendendo em seu movimento louco e aleatório,
suave e ao mesmo tempo turbulento,
formando desenhos, formas fugazes,
que tão logo se apresentavam,
no instante seguinte se distorciam e se desintegravam,
desaparecendo no ar.

Então vem a vida adulta,
os estudos, a faculdade, a pós-graduação, o trabalho,
e você não tem mais tempo para apreciar a fumacinha do café,
e nem se lembra mais que ela existe.
A vida acelera cada vez mais, nesse trem louco e frenético
que parece se aproximar cada vez mais rápido do destino final.

Então naquele momento,
eu me permiti curtir aqueles breves instantes com calma, com paz,
admirando a fumacinha poética que dançava e se contorcia diante
dos meus olhos.
Junto com ela, o aroma delicioso do café quente, preparando-me
para mais um dia.

E fiquei ali, admirando aquela dança psicodélica,
formando os mais aleatórios traços, curvas, esboços.
Tomei mais uma golada daquele maravilhoso café.
E uma paz e tranquilidade que se fazem essenciais
para iniciar mais um turbulento dia.

DIA PERFEITO!
Su Canfora

O DIA ACORDOU CALADO, NUBLADO,
UM TANTO RABUJENTO,
COM AR CINZENTO, VENTO FRIO E VIOLENTO.
ORDENOU AO SOL NÃO APARECER.
VENTOU, GAROOU, QUASE NEVOU,
TROVEJOU, RELAMPEOU, QUASE CHOVEU.
PELA JANELA, OBSERVO A SISUDEZ DO DIA,
NA FACE RETRIBUO SUA RABUGICE,
VIRO-LHE AS COSTAS, DOU DE OMBROS.
– QUE BOBO ESSE TAL DE DIA!
NÃO SABE QUE CINZENTO OU ENSOLARADO,
CHUVOSO OU NÃO,
NA FÚRIA DA TEMPESTADE,
NA REFRESCÂNCIA DA BRISA,
NA TORMENTA OU NA CALMARIA,
NA QUIETUDE OU NA VENTANIA,
É LINDO EM QUALQUER FASE,
É LINDO DE QUALQUER JEITO.
TODO DIA É PERFEITO!

14-07-2020

SEGUIMENTO
Dpaolo

Saboreio toda imensidão do presente,
Sinto-me indeciso com falta de certeza,
As poucas palavras que se exprime
Prestar atenção nos detalhes do que a vida nos oferece, suavizar,
Refaça agora, observa teu quebra-cabeça em pleno mar,
Nossas ilhas estarão sempre em nossas almas,
Palavra "Doçura" é especial, significa doce de pessoa dentro de cascas.

AMANHECER DIFERENTE
Vinicius Oliveira

Início do dia,
às 5h50 já estava lá no ponto mais alto esperando o nascer do sol,
rotina que trazia esperança.
Respira, mais um dia.
Na gélida noite, aflição, ranger de dentes, notícias doentes,
no reflexo do sol da manhã, esperança de amanhecer diferente,
nos raios do sol poente, vitamina, esperança, luz intermitente.
Rotina,
acordo, subo.
Contemplação, sombra, tudo cinza, ainda assim, sinto que ele está lá,
escondido, sufocado, sem poder respirar, sem brilhar.
Há de chegar o dia em que tudo isso vai passar.
Respira.
    Vacina,
        suspira... raia o sol de um novo dia!
Rotina,
    Subo
        Ele a resplandecer,
        eu a agradecer.

VAPORES PANAMENHOS
Bruno Andreoli

o dia não quer

não cabe

e as ondas não param

quebram

enquanto o sol vai

detrás do porto

e todos anseiam pelo fim

da tarde

a terra, o passado

chão

e o gorro e a malha, fina

não isolam

o licor barato deixa a desejar

como amigo, como abraço

materno

cargueiros de Hamburgo

rubros se confundem

com céus

com a tarde

amarelos

vapores panamenhos

LÁGRIMAS DO SOL
Ernane Bernardo

Lágrimas do sol... memórias do sertão!
Tempo arisco que um dia me fez afugentar,
Dessa terra entristecida do sertão!
Deixaram marcas no olhar e no coração,
Me fez descontentar!
Da esperança veio o medo de voltar
Na varanda, uma rede a balançar.
A neblina, minha companheira da noite,
Traz a incerteza de um céu acinzentado,
Coberto por algumas estrelas errantes!
Lágrimas de chuva sem horizonte... ficava eu a esperar!
Quando a chuva vier, voltarei ao meu "habitat"
Na certeza de sonhar outra vez.
Na garganta, a vontade de gritar!
Lágrimas do sol, memórias do sertão,
Vem a expressão...
Que um dia esvaziou o meu coração!
Lágrimas escoarão em meu rosto,
Pela gratidão, cada gota de chuva
Que vier à terra molhar!
Reencontrei n'alma a vontade de viver.
Um coração flagelado...
No dia que o sol se desfez, meu bem-querer!
Nasceu nova esperança, um novo amanhecer!

ASSIM APRENDO A VIVER!

Antenor Mario

Caminho sem saber onde vou chegar...
Sem nada conhecer...
E devagar irei aprender...
Acertando ou errando...
Ficando às vezes distraído.
Vou procurando o meu lugar...
Sem querer o lugar de ninguém...
Deixo-me ser levado pelo coração...
Sendo guiado pelo amor...
E sem saber...
Onde tudo vai chegar.

Vou entregando a Deus
Meu destino.
Obrigado, Deus!
Assim aprendo a viver!

Caminho se passa vivendo...
É através do amor...
Que chegamos...
Na verdade.
Vou procurando o meu lugar...
Sem querer o lugar de ninguém...

Vou entregando a Deus
Meu destino.
Obrigado, Deus!
Assim aprendo a viver!

JÁ É DIA DE VIVER?
Poeta Galosi

Se o dia vem amanhecer
e mais uma vez a vida renascer,
como sua força se apresenta
pra ir além das dificuldades imensas
e tomar a decisão de se já é dia de viver?

Já é dia de viver?
Como não poderia ser?
Com o ar que entra e sai,
com a vida que vem e vai
sem ao menos perceber.

Já é dia de viver?
Você ainda consegue se mover?
Não falo do seu físico
ou de qualquer coisa que deixa difícil,
falo de não deixar se deter.

Já é dia de viver?
Mas por que devem responder?
Não vá quando alguém lhe permita,
tome suas próprias medidas
pra que faça o que tem de fazer.

SETE DIAS
Raquel Pereira Carvalho

Estou em tempo de *weekend*,
Todo dia é celebração!
Em tempo de roleta russa...
Vou celebrar!
A cada dia meu renascimento...
Não sou egoísta
Mas estou feliz
Estou aqui de corpo e alma
Aqui!
Quem melhor do que eu
Para ficar feliz...
Simples e grandioso
Vou celebrar!
A minha existência
Com coerência e eloquência
Celebrar essa venustidade
Dia após dia!
Não há resposta nem ciência
Só, sorte!
Volúpia e arrepio
Sou contemplado
Corpo e alma
Deus ressuscitado!
Estou viva!

UM NOVO DIA
Mary Pinheiro

No amanhecer, por detrás do monte,
Desponta o sol no horizonte lá no meu sertão.
Trazendo consigo a luz e a alegria
De um novo dia e enche de paz o meu coração.

Sua cor se mistura às gotas de orvalho
Que suavemente, despretensiosamente,
Das folhas, dos galhos, das pétalas das flores,
Sem pressa e com calma, devagar desprendem-se.

O dia já cresce e com tanta ternura, o céu se mistura
Azul entre as nuvens que trazem consigo formatos sem par.
Fico imaginando: que sabedoria tem o pintor dos dias!
Com cores, aromas, formatos, sabores vem tudo enfeitar.

Chega o fim do dia, a tarde anuncia feliz no arrebol
Outro dia vivido, trilhado, vencido. Chega o pôr do sol!
Compreendo agora, assim sem demora, não posso negar:
Cada novo dia que se anuncia é um momento único pra recomeçar.

DIA DE BÊNÇÃOS
Renata Vasconcelos

Bom dia, Espírito Santo

Nesta manhã de encanto

Tão sublime

Bênçãos de amor

Se renovam com fervor

A ti rendo o meu canto

De gratidão e louvor.

Neste dia iluminado

Quero sentir o sol me aquecendo

O raiar me envolvendo

Regozijando de gratidão

Contemplando a criação.

Bom dia!

Que dissipa a escuridão.

O DIA AVANÇA,
FICAM AS TUAS MÃOS

Ferdinand Pereira

Anoiteço antes da noite
O dia fez festa sem descanso...
Agasalho-me nas manhãs de tuas mãos
onde ainda sou tua eterna criança.

Como ainda não me terminei
Sigo afinando em desatino
A fina corda deste destino:
labirinto de silêncio em mim.

É a noite que não tem começo.
Eu, a criança que não pus fim.
O dia mais cedo, hoje termino.

Em cada mão uma rota incerta do dia.
E dela me inteiro e vejo a outra via surgir
Onde estava eu que antes não sentia
As mãos que um dia me fizeram seguir.

O dia avança, ficam as tuas mãos...

TODO DIA ERA DIA DELES
Rejane Luci

Eles viviam no "paraíso terreal" livremente
Consumiam elementos da natureza sabiamente
Preservavam o meio ambiente plenamente
E mantinham sua beleza conscientemente.
O trabalho, o alimento, a habitação
A arte, o remédio, a diversão
As armas, os rituais, a religião
Tudo vinha da natureza, sem destruição.
Viviam em regime de igualdade
De comunhão de bens, de irmandade
As decisões eram tomadas em comunidade
Lidavam com o escambo, sem dificuldade.
Não tinham governo, nem política
Não tinham noção de pecado; o Pajé era a figura mística
Não tinham moeda, nem escrita
Não tinham doença grave; era uma característica.
Por terem hábitos e costumes sustentáveis
Por nos darem exemplos de vida memoráveis
Todo dia devia ser dia deles, os índios, seres humanos notáveis
Para que seus direitos sejam reconhecidos e incontestáveis.

O DIA E A SUA EXISTÊNCIA

Telma Marques

A palavra dia antecede e precede
Grandes acontecimentos
Sempre presente em nossa existência
Registrando o acaso e feitos
Desde o início de Gênesis
Até a parte final de Apocalipse
Para cada dia o seu mal e sua boa ventura
Para cada dia uma oportunidade
Uma conduta
Um milagre um respiro
É só acordar e sentir seu agito
Por todo universo
O Criador a fez juntamente com sua companheira à noite
Dividindo nossas alegrias e tristezas no seu tempo certo
A luminescência declarada Aurora
Roubam do crepúsculo a sua dedicação
Adornada com o sol e seu resplendor
Aquece o planeta por dentro e por fora
Gerando ânimo e essência
Para vida sendo pilar e vigor

O DIA!
Charles Oto Dickel

Do tempo de outrora
Ao tempo atual
Muito mudou
Perdeu-se a moral

Do certo e do errado
Pouca distinção
A ética se foi
Não prevalece nem a razão

Daquele que tem mais
Para aquele que pouco tem
O valor nada importa
Faz-se o que convém

Poder e riqueza
Não valem um vintém
O juízo final
Não poupa ninguém

SONHOS DE ALGODÃO

Jamilly Vilela

Despida manhã fria e misteriosa
De beleza quente e inquestionável
Entre as nuvens, a viagem parece pequena
Despertando grandes desejos

Onde nascem os sonhos
Se existem coisas inexplicáveis
E sentimentos incríveis
Quando o sol ilumina o céu?

A vida nos convida à reflexão
Minutos de agradecimento
Daqui eu sei de onde eu vim
E pra onde eu vou

Tudo que vai
volta
Repete
E reflete.

MEUS VOTOS
Alice Castro

Todo dia eu me apaixono por ele.
E todo dia ele diz
que se apaixona por mim...

Estamos juntos há mais de 20 anos,
e todo dia é assim!

Todo dia eu o peço em casamento,
e todo dia ele responde que sim.

Quero passar a minha vida ao lado dele.
E ele diz que sente o mesmo por mim!

Renovando os votos nossos (todo dia) a gente entende
que o amor é um compromisso diário
quando nós o queremos para sempre.

Por isso
ficamos todo dia desse jeito
sempre com um amor novo e fresco!

E faz todo o sentido estarmos juntos,
pois todo dia é perfeito.

Todo dia é o recomeço
de uma história que não vai ter fim...

Que é a história do meu amor por ele
e do amor dele por mim!

O AMANHECER
Lolita Garrido

Enquanto você dormia
A natureza trabalhou,
Transformando a paisagem
em uma nova roupagem
Assim que o dia raiou!

O mar e suas ondas,
o vento burilou.
A flor do campo silvestre,
foi que desabrochou.

O canto do rouxinol
ela também orquestrou!
Tudo em perfeita harmonia
Para embelezar o seu dia
Desse modo planejou!

E nos cabe fazer um aparte
Já que dela somos parte
que a natureza elaborou
Agradecermos por este dia
que o amanhecer transformou.

TODO DIA
Gabs Batista

Desde o amanhecer até o escurecer
Eu vejo seus olhos, sua vida.
Seu sorriso é como o iluminar do sol,
Seu olhar é tão calmo como a sombra das nuvens.
O som do seu riso é o cantar dos pássaros
E eu sou apenas o céu, vendo você passar
Vendo você brilhar e aparecer
Vendo, todo dia, você ser enorme.
Um dia eu serei a lua, para cruzar seu caminho.
Pois quando escurecesse
Eu teria um vislumbre daquilo que faz o mundo feliz:
Sua luz, seu calor, sua música.
Todo dia eu espero
E todo dia, desde o amanhecer,
Eu espero ficar mais perto de ti.
Enquanto isso, espero o sol aparecer, os pássaros cantarem
E assim, estar mais perto de você.

UMA PRESENÇA SEM NOME NUM DIA SEM CALENDÁRIO

Andrea Frossard

Estamos em uma encruzilhada
Foi preciso escolher entre a floresta urbana ou o asfalto hostil
Os nossos pés descalços sentindo as pedras do chão de terra batida
As nossas faces rubras
O calor dos nossos corpos sentados olhando de um lado a outro
Sem cumplicidade
Sem intimidade
Sem cansaço
A noite se inicia com um silêncio inquietante
Eles lembram das aulas de Literatura e, imediatamente, rechaçam o realismo
Outro dia chegou e estavam lá como dois estranhos no mesmo lugar
Sem atitude
Sem decisão
Empoeirados
Esquecidos
As barrigas doíam com fome
Desnutridos de suas próprias vidas
A bateria do único celular prestes a descarregar
Sem tecnologia, sem afeto, sem vontade de ultrapassar a barreira de controle
Eles seguiram pelo asfalto hostil procurando uma sombra para se distanciarem de nossas pragas de cada dia
Eles acharam pedaços de pães duros vindos direto da sacristia
O cálice vazio
O pedaço de tecido rasgado
Sem profecia
Ingratidão
Apenas a oração pedindo perdão no final do dia.

NOVOS DIAS
Dante

Dias de nuvens escuras no céu
Dias que deixam nossas vidas vazias
Dias enfeitados por um escuro véu
Dias de profundas nostalgias

Dias de impiedosas torrentes
Dias que do nada brota a luz
Dias de sorrirmos contentes
Dias que à alma a vida conduz

Dias de magia
Dias de esplendor
Dias em que a paz urgia
Dias de dizer sai, dor

Dias de brincar, correr, pular
Dias de comer, beber
Dias de cantar
Dias de nem pensar em sofrer

Dias que teu nome clamo
Dias de chorar de saudade
Dias de dizer te amo
Dias que não têm idade.

A GOSTO
Saya

Existo pela arte.
Este corpo que aqui
transcreve linhas em matéria
o faz mal,
por fazê-lo de quem ainda
não sabe aceitar privações.

Minha verdade
só cabe no sonho.
Meu corpo existe
tão somente pelas asas que lhe dou.
Alimento meu espírito
para que ele me abrigue a vida.

DIAS IDOS
Angela Schettini

Um dia pode ser de melodia,
Vestido de alegria.
O outro, de guerra.
Assim, o ciclo se encerra.
Dia, noite... dia.

Outro dia, esplendor e,
Na calada, dissabor.

Revolução, sem nenhuma explicação.
Tudo se apaga.
Até os ressentimentos ou a pacificação.

Novo dia, o homem pensa:
Tem ideia imensa.
Luminosos pensamentos.
Ou pensamentos com tormentos?
Se o dia é duro, não pensa:
    Sofre!

De dias idos, a vida se vai...
    E volta.
Dias lentos, dias rápidos, dias enternecidos, dias doloridos.
Aguardando o futuro em conclusão.

FLORESÇA

Jairo Sousa

Os raios despontaram
e expulsaram
a morbidez noturna.
Um cafezinho para despertar
a alma taciturna,
pr'uma canção dedilhar
a melodia diurna!
É imperativo resistir,
ainda é possível florir.
Vista-se de esperança
e envolva-se nessa dança,
hoje!

A SOLIDÃO DOS MEUS DIAS
Ana Cordeiro

No refúgio dos meus dias
Me agasalho no silêncio das horas
Pra não sentir a solidão
Que me congela a alma
Toldando meus pensamentos
Num caleidoscópio de emoções desconexas

E como numa aquarela
Desbotada numa velha tela
Me confundo entre presente e passado
Sem saber o que me reserva o futuro

E nos olhos furiosos do tempo
Os meus dias anunciam
Que é chegado o meu limite
Onde se confundem o tudo e o nada
E as certezas já tão desgastadas
Não servem mais como alento...

Na solidão dos meus dias vejo a nostalgia
Costurar nas paredes da memória
Pequenos retalhos de histórias
De quietas lembranças de outrora...

ESTE BELO·DIA
Raffah Freitas

Infeliz é aquele
Incapaz de perceber
A beleza de um novo dia
Livre de amarras
Independente do senso comum
E da meteorologia

O nublado e o chuvoso
Assim como qualquer outro
Podem ser
E de fato são
Singulares
Inspiradores

Porque somente é digno
De desfrutar um dia de sol
Em sua plenitude
Quem também é capaz
De enxergar a beleza
De um dia qualquer.

FIM DO DIA
Dany Borges

Fim do dia
E na janela refletiu a luz da lua
Contrastando com a brevidade
Que a cor do céu escurecia

Fim do dia
E na memória vem a imagem tua
No momento exato em que a saudade
Inundou a alma de monotonia

Fim do dia
E meu amor por ti se acentua
Com as emoções que sem piedade
Me levam à maior nostalgia

Fim do dia
E o sereno alcançou a rua
Trazendo a comodidade
De estar na sua companhia

Fim do dia
E assim a vida continua
Com a beleza da oportunidade
Que o amanhã nos irradia

CORTINA

Jonas Marinho

Dia vem e dia vai

Desce a cortina dourada
Hélio anuncia a alvorada

Porta abrindo
Mãos lavrando
Flor desabrochando

Prosa corrida
Café passado
Feijão cozido

Anda na roça
Puxa o arado
Volta pra casa

Sobe a cortina dourada
Veste o manto estrelado

Dia vem e dia vai

CORAGEM! ELE ESTÁ AÍ
A. Filho

Poucos conhecem o amanhecer
De hálito fresco que eriça a pele
Um convite a aconchegar
Mas se dispuser será recompensado.

Contemplará a lenta explosão do despertar
O novo dia nos presenteia
Renova o fôlego, as oportunidades
Uma folha em branco a nos convidar.

Não se deixe seduzir pelo ontem
Está aniquilado
Só o hoje vige, mas não se iluda
Voeja a cada instante

Não perca tempo: Saboreie o dia
Todas as suas dimensões - desdobramentos
Com sentidos da carne abertos
De alma entregue, grata e devota

Coragem! Ele está aí
Erga-se com ousadia para viver.
Quem perdeu a abertura tudo bem
O poente também é um espetáculo.

A TRAJETÓRIA DE UM DIA

Maria Ildete

Acordar feliz, em paz
Com uma música no pensamento.
Caminhar no parque ao ar da manhã, quando ainda está escuro,
Lembrando de um poema, de Carlos Drummond de Andrade.
Tomar um banho gostoso,
Hora de meditar, hora de viajar,
E depois um bom café, com bolo feito na hora.
Um terno abraço de amor e um beijo com gosto de saudades,
Um olhar de despedida.
Andar na rua e sorrir a todos pelo caminho,
Um bom dia de alegria.
Hora da aula de dança, um samba, um forró, um bolero.
Almoço, hora sagrada.
Um varal cheio de roupas, um trabalho a executar.
A educação dos filhos, missão interminável.
O pôr do sol, o jantar, a família a esperar,
Uma conversa agradável, uma partilha de prosas.
Leitura de um jornal,
Algumas páginas de um livro,
Um passeio pela internet, um programa de televisão.
Oração descanso pra alma, pro corpo e coração.
Um bom sono com quem ama.

DIA D
Cláudia Passos

Divina dádiva
Descortina
Densa dormência
Deflagra
Dissabores da dúvida
Desdém
Da diáfana delícia
Das distopias
Distorcidas
Detém
Dores divididas
Desmedidas
Desata
Delicados danos
Dentro
Desliza
Dentre
Difícil drenagem
Decência e delito
Dicotomia
Domina
Delírios
Distantes (d)efeitos
Do dia.

EM DIA LOGOS
Pedro d'Lima

Dia, quantos dias cabem nas horas tuas?
Quanto tempo a perecer enquanto duras?
Por que, às vezes, tu me acorda só pra ser sobre mim, dia?
Ou por vezes, em audaz êxodo, sem nem me fazer contemplar sua ida?
Se precedia, já decidia,
se ria ou só via
feito dizia a melodia
na lida do teu dia a dia:
Quantas vidas há em tu, dia?
E quantas delas duram quando vale o dia?
Se te ignoram, ainda és!
Se te adoram, fizestes fúlgido.
Ah, dia!
Que dia, hein?
Que dia!
Não sou às oito de sono, noite, metade,
Ou só um pedaço, à tarde que cochila.
sou feito de tu, por inteiro, volta completa em meu eixo, Dia!

A CANÇÃO DO DIA
Gilberto Medeiros

Do nascer ao pôr do sol,
Ouço a canção do dia
O som do vento que brinca em meus cabelos
E faz subir do solo a fina poeira, pó da Terra, Mãe da vida

Sinto o cheiro da flor
Que floriu no escuro da noite úmida
E brinda esta claridade com sua beleza
Inimitável e cheia de desejos

Ouço vozes nas ruas, ouço sons
Cumprimentos humanos, sons de bichos e árvores
Sorrisos belos, cheios de vida
Capazes de deixar a existência com desejo de imortalidade

Meu corpo absorve a realidade, a clara luz do sol
O movimento da nuvem no azul do céu
O roçar das vestes
Embriagadas do perfume do amanhecer

Acompanha-me o doce aroma do café da manhã
E espera-me, quieto e sobre a mesa
O livro que irei ler ao fim da tarde
De pés descalços e sobre o banco

Uma vida todo dia, do nascer ao pôr do sol
Enquanto cresço, humano, demasiado humano
Cheio de amor e crenças
Porque o dia canta em meu ouvido a canção da eternidade

DIA DE ESPERANÇA

Fernanda Lícia de Santana Barros

Há dias na vida que são tensos como ventos uivantes
Mas a esperança de dias melhores prevalece
Que todo dia seja novo para que as esperanças se renovem
Em cada amanhecer existe uma luz que nos conduz a crer
Que dias melhores virão, assim como os dias ruins se vão
Saudades de um tempo em que os paradigmas eram outros
Menos tensos e mais leves
Mas o tempo passou, como tudo na vida passa
A fé nos move e alimenta em nosso dia a dia rumo a novos desafios
Fazendo refletir que o futuro é logo ali em frente
Ajudando a romper a corrente que aprisiona a mente

PARA TODO TEMPO
Waléria Soares

Eu te prescrevo para todo dia
Uma manhã ensolarada
Ou mesmo nublada
O importante é que
Ilumine tua alma
E faça teu coração bater forte
Sem cobrar nada.
Eu te prescrevo para todo dia
Paixões avassaladoras
Borboletas na barriga
Que te proporcionem euforia
Sem demasiado te preocupar
Trazendo alegria
Para o teu hoje eternizar.
Eu te prescrevo para todo tempo
Chuvas de felicidade
Carregadas de mil sorrisos
Em meio a doces canções
Embaladas pela emoção
Que te façam viver o que sempre quis
Que façam o teu dia mais feliz.

GIRA E VOLTA

Bibi Oliveira

A vaguear por esse dia frio
deparo-me com um parque vazio.
Brinquedos quebrados.
Brinquedos parados.
Uma sensação de passado.
E pelas frestas das nuvens
que tornam o dia nublado.
Um fecho de sol
ilumina o gira-gira acabado.
A luz na memória se aviva,
torno-me criança, um dia em mim tão viva.
Giro, giro, braços esticados,
rosto para o céu, um looping animado.
Paro entre estrelas e pontos de luz.
Numa vista bagunçada.
Coração de criança feliz, animada.
Ela pega a minha mão e não vagueio mais.
Caminho tranquilo, pois sei que estou em mim acompanhado.

CIZENO CINZA

Natalha Muniz de Andrade

O dia que o sol nasceu mais cedo
E os pássaros engoliram seu único canto
As árvores choraram cada lágrima
E derramaram-se em pranto
Fez-se pó a esperança
Amarrou quarenta e quatro nós na garganta
Nesse dia, parei, pensei, orei:
Deus, por que da dor? Por que do pranto?
E Deus sorriu, dizendo calmo e manso como é:
No dia que essa pequena cidade chora, aos céus darão glória
Pois hoje recebi o anjo mais lindo aqui
Trajado de azul, sorriso todo manso
Recolhi da terra, meu sagrado anjo
Anjo de apelido Cinza, mas que é pura luz
Anjo esse que quando em terra
Espalhou amor, honestidade e bonança
Possamos então, crer que esse anjo, eterno em Deus, zele por nós
Zelaremos em terra por tudo que esse anjo aqui plantou
Lembrando que sempre, cada dia é único
Todo dia pode ser o fim, e se houver fim
Que possamos dizer que com o exemplo do Anjo Cinza
Aprendemos a olhar o outro com um olhar sem quebranto
Agradecer em meio ao pranto
Ter fé, que todos que o amam, encontrarão um dia o sagrado anjo.

SOB O SOL

Ananda Vardhana Devi Dasi

O amor divino é perfeito.
Quando UM SONHO se espicha
saído do chão da noite para alcançá-lo
é assim QUE AMANHECE hasteado sob o Sol
e A ETERNIDADE veste-se toda
e desfila uma passarela de devoção
que ATRAVESSA a retina trêmula em brilho
diversidade de formas e inspiração
para alcançar um dia inteiro
dentro do meu coração.

BOM DIA
Verlaine Pretto

O primeiro reflexo do pensamento
numa manhã
depois noutra manhã
e outras mais.
Nossa! Quantas manhãs
para acordar.

Ser centrifugado
ao eixo das emoções em si
localizar-se
e dirigir-se
banalmente ou não
para o dia
diante do café e do pão.

DIA
Verlaine Pretto

Abro os olhos e não sei
se ainda estão fechados
ou se mesmo já os abri...

O olhar vai acontecendo lentamente
fixando-se ora aqui, ora ali na claridade
que envolve as coisas e o mundo material

enquanto o espírito revolve-se
entre fantasmas exigentes da presença
onde o corpo já não mais está.

E o dia acontecendo
cheio de ruídos
arrancando-me do torpor do sono.

Concentro-me na realidade
e sigo adiante cheia de planos.

PROCURA
Lindaura Santana

Naquele dia – senti na pele
O frio de um vento saudosista,
Memórias afetivas de uma pessoa
Que não mais existirá.

Certo dia – senti na derme
O calor do sol me despertando:
– Lembra-te daquele ser corajoso?
Onde ele está?

Um dia – na escuridão da noite
Vi um vulto semelhante à esperança
Me estiquei, tentei...
Mas não consegui segurar.

Dia a Dia – sob a claridade da manhã
Dentro de uma curiosidade infantil
Busco encontrar aquele alguém
A quem eu tanto admiro, sempre admirei.

No dia não branco – No dia não preto
No dia ameno de dor
Pinto-me arco-íris e até que enfim a sinto
Dentro de um sorriso, em mim.

Todo dia é dia – para molhar-me na chuva
Do desejo, da procura, de encontrar novamente.
Os meus Eus perdidos, nos dias de outrora
Que não voltam mais.

RIVUS RIVALIS
César A. Pereira

Duas figuras – uma – às cegas, sob o teto testemunha
de mal'ditas alcunhas, não negas,
o desejo de uma ter o coração da outra nas mãos.

Felinos selvagens a se entreolhar
nos lençóis, pairando daí no ar
o cheiro adocicado dos suores, poção, ao cair dos seus corpos.

Munidos de setas certeiras – manha –,
sem eira nem beira ao que perder primeiro o jogo ganha,
em se entorpecer da essência que bagunça a calma.

Tão "mixtos" na brasa de suas peles
quais nem religião ou nobreza os diferem.
Apenas amantes, numa manhã só para dois.

CLAREZA
Scalco

22 de setembro.
Os ventos decidiram não ventar,
As flores não foram florescer,
Só aí que todos viram,
Do que é feita a primavera.

GIRASSOL
Pablo Quinalia

Gira o sol girassol
Girassol olha o sol
Só o sol girassol
À luz do sol girassol
Queira luz girassol
Seja luz girassol
Siga a luz girassol
Viva a luz girassol
Faça luz girassol
Que eu seja luz girassol
Sempre luz girassol
Girassol olha o sol
Gira o sol girassol
Seja sol!!!
Sejamos sol!!!

LÁ DA REDE
Ágda Franco Barrêto

O sol já brilha forte.
Janela aberta, ilumina o quarto.
Novo começo tenho defronte a mim.
Ao longe, delicada criatura me chama atenção.

Franzino e por demais ligeiro,
Embrenha-se na copa folharenta.
Cochicha inquieto, repleto de animação,
Cantiga sertaneja de labor e distração.
Sai das folhas, vai às flores,
Elege a canafístula, cacho tingido de sol.
Bebe satisfeito o doce licor,
Se agita de novo, reflete a pluma furta-cor.
Na miúda caixa do peito, salta apressado o coração.
Risca o vento com os braços, arrodeia em toda direção.

O amanhecer de novo nos estende os braços.
Toda criatura reinicia sua marcha, outra vez.
A te curiar continuo, em silêncio, lá da rede.
Há semelhança entre meu balanço e o teu.
Tu procuras alimento, eu procuro o néctar meu.

LEMBRANÇA
Jessica dos Anjos

O sol o abraçava com seus raios calorosos,
Naquele exato momento, sua maior preocupação era não ser pego.
O pôr do sol indica o toque de recolher,
Seu franzino corpo se arrastava preguiçosamente para casa.
Seguindo a voz da razão, seu corpo banhou-se com contínuas gotas quentinhas.
A inocente alma não desconfia o que este dia significará!
Os dias passam como quem não quer nada,
Sua vida era apenas sorrisos e brincadeira.
Um dia como qualquer outro, lá estava o sol,
Mas de alguma maneira, não o abraçava.
Aquela alma, pode sentir no silêncio familiar
A dor de seus heróis,
Algo estava errado!
Chorou pela saudade, seu amor maior.
Vítima do destino, inocente alma.
Seus dias por sete anos foram cinzentos,
Com lágrimas e dor,
Apenas a lembrança do que não recuperaria.
E como em um conto de fada, um dia o Amor aceitou-o.
E em seu quebrado coração aquele dia enraizou,
Uma fonte pura de luz em momentos obscuros,
Gratidão ao Amor que o amou.
Apenas uma lembrança.

AMANHECE
Maricy Montenegro

Psiu! Silêncio!
Escuta só!
O som do céu, o som do sol!
Psiu! Silêncio!
Escuta só!
O som do sol é o mesmo som do céu?

UM OLHAR PARA A VIDA
Regina Campos

Os sons do dia
se espalham pela casa
trazendo o pulsar,
o movimento
e a agitação da vida.

Há o farfalhar
das folhas nas árvores,
o gorjeio
dos pássaros nos voos,
a semente
que brota da terra:
tudo se manifesta
em harmonia,
em equilíbrio,
em simetria,
envolvendo o dia
num manto de Paz.

VALDÍVIA AO SUL AUSTRAL
Carlos A. Hernández A.

Sabor de sal trazido pelos ventos do Pacífico,
que se mescla em um assobio... ao orvalho
Que margeia as brumas do amanhecer junto ao rio,
sentindo o palpitar do Calle-Calle
Cada curva que se vê, espelha o amanhecer
com tons pastéis que banham seus bordes de água
que atrai numa breve penumbra a silhueta da tênue luz austral
Me regozijo pelo presente da aurora que me traz a paz,
o som do mar e o amor que espero
Caminhamos em passos tênues que nos levam a descobrir o Schuster
de chalupas e remos de tempos idos
Que beiram a água e trazem o tilintar dos peixes
com suas cores e sons em seus mercados
Vejo ao meu lado o teu sorriso no caminhar,
que junto ao frio vento nos aquecemos com o olhar
O brilho de cada esquina e de cascos nos leva à travessia
eterna entre bordas... que borbulham
Que já foram atravessadas pelos cantos das lendas
que contadas em histórias se eternizam nas memórias locais
Percorremos e nos aquecemos ao chegar, quando atracamos
em uma cidade que nos acolhe com iguarias
De sabores, temperos e néctares que dialogam
com cantos silvestres que adoçam o lugar
juntos construímos a lembrança onde repousa o amor

UM MINUTO DE CADA DIA
Franncis Antunes de Souza

...Experimente pelo menos desta vez:
Sorrir (!) Quando a dor crescer;
Cantar (!) Quando a tristeza persistir;
Perdoar (!) Quando mágoa importunar.
...Experimente pelo menos desta vez:
Doar (!) Quando lhe restar só o corpo;
Dançar (!) Quando lhe restar só a ferida;
Andar (!) Quando lhe restar só o medo.
...Experimente pelo menos desta vez:
Sonhar (!) Quando a realidade for cruel;
Brincar (!) Quando a mente for moralista;
Viver (!) Quando a alma for covarde.
    ...PORQUE A VIDA, SUA VIDA, É UM MINUTO DE CADA VEZ (!)
...Não perca o milagre do tempo sofrendo mais que a própria dor,
Ganhe vida, viva mais, sorrindo de cicatriz a cicatriz (!)
...O dia vai recomeçar hoje pra você (!)
Aproveite a chance de um instante para ser feliz,
Porque um instante pode e é tudo (!)
...Dê a ti a prova de que é capaz quando quer ser, tem de ser (!)
Teu ato de felicidade diária é um ato para toda a vida!...
    Sinta (-se)! Experimente (-se)!!!
    Se dê, se doe ao risco de ser feliz (!)
    ...Pelo menos desta vez; pelo menos um minuto:
    SEU MINUTO DE FELICIDADE (!)...

TODO DIA O MESMO DIA

Laura Rosa

O dia não acaba, só vai escorregando para outras bandas, nas costas do sol.
Sempre é o mesmo dia, um pouco mais para baixo da linha do horizonte.
E o dia que nasce é sempre o mesmo dia voltando pelo outro lado. Por outro horizonte.
O dia só se esconde de mim, por algumas horas, para que eu não tenha uma congestão de luz.
Um tanto suficiente de horas.
Quando eu descanso, ele torna a aparecer pelo outro lado do mundo.
De mansinho, cuidadoso, roseando aos poucos a sombra que deixou.
Os homens desprezaram esse cuidado do dia.
Inventaram a luz artificial para prolongar o tempo de claridade.
Desde então vivemos em estado de congestão.
Esse é o verdadeiro sentido de se passar uma noite em claro.
Ou seja, passar uma noite com congestão de dia.
Talvez esteja aí a explicação de os animais viverem mais em harmonia.
Eles não se congestionam de luz.
Não se diz que o dia tem vinte e quatro horas?
Pois eu digo que o dia é interminável. Não existe ontem, nem amanhã.
Para ele, o relógio, o nosso, não faz a menor diferença.
São outras as suas expectativas.
Ele pensa nas distâncias, nos movimentos. Nos ritmos.
Não nas horas.
Existe um período de luz, outro de escuridão, para que eu não me congestione.
Uma delicadeza do dia.

DANÇANDO COM AS MEMÓRIAS

Camila Araújo

Em seus olhos pequenos, revejo meu melhor passado.
E no brilho desses mesmos olhos, vejo refletir uma vontade recíproca de um futuro.
Danço com você no vazio do meu quarto.
Ouço sua risada ecoar como música no silêncio da casa.
Revivo as minhas memórias.
Adormeço sonhando.
Sonho acordada.
Realizo nosso desejo.
Resgato nossa história.
Não me perco como já me perdi.
A noite é muito longa, fria e escura para estar só.
Me deixe ser luz.
Me deixe brilhar.
Me deixe te amar.
Só por hoje.
Amanhã você já pode ir.

DIA!
Lilly Magaflor

Amor!!
Não se engane!
Quando nasce o dia, todo dia,
o sol, a luz...
São o anúncio de que
tudo renasce!
Cada dia, todo dia,
é a oportunidade perfeita
de toda potência se
concretizar em porvir!
Amor! Meu amor!
Não adormeça!
Veja o dia que já nasce
no horizonte...
É nossa vida e é
a nossa chance!
Mais um dia!
Que dádiva!
Hoje, sorveremos o dia.
Libertaremos nossos sonhos do
frio da noite que viveram.
Trabalharemos nosso destino.
Viveremos o dia!

MAUS DIAS, BONS DIAS
Sérgio C. S. Alves

Tem dias que são tranquilos,
Que nada nos atinge,
E até paz nos transmitem.

Tem dias que são difíceis,
Parece que tudo está errado
E nos deixam angustiado.

Dias de sol, dias de chuva e dias nublados,
Independente do tempo,
Os dias serão vivenciados.

Domingo pode ser dia de lazer ou de muito trabalho.
Segunda pode ser dia de correria
Ou de quebrar um galho.

Terça pode ser dia de estresse ou terapia,
Mas quarta,
Talvez seja dia de tristeza ou alegria.

Na quinta podemos resolver alguns problemas ou não fazer nada.
Na sexta, dizer para uma pessoa
O quanto ela é amada.

Sábado de repente
seja um dia memorável
Ou até mesmo um sábado acomodável.

O que precisamos entender
É que estamos sujeitos a passar por dias bons e ruins.
E não podemos esquecer que a vida foi dada para viver e não só sobreviver.

DESPERTAR

Cristina Godoy Cerqueira Leite

Mais um dia...
Esquecer do tempo, das memórias
A leveza do espírito, marcada pelo vazio
Uma página em branco, um caminho a trilhar
Agradecer pela vida
Sentir o sol, o vento, os aromas
Contemplar a beleza das cores
Uma criança que vem ao mundo
O choro de vida, as mãos a tocar o vento
Sentir o novo... Alegria de viver
A vida é um presente
O recomeço, uma chance
O presente...
Viver o presente, sem esperar
Os instantes a preencher o vazio, como palavras a correr no papel
O despertar, um sopro de vida
O dia começa assim...
Como nascer de novo.

VIVER

Michelle Romanhol

Mais uma vez o sol irá nascer
Trazendo uma nova oportunidade
De romper com a vulnerabilidade
E finalmente ser livre para florescer

Um novo dia para reconhecer
Que é preciso ter maturidade
Para enfrentar outra tempestade
Sem correr o risco de enlouquecer

Todas as noites ao me deitar
Anseio por mais um alvorecer
Por mais uma chance de lutar

Mais uma oportunidade de vencer
Mais um dia para amar
Mais um dia para VIVER

NOVO DIA, NOVO APRENDIZADO
Selma Reis

E lá vem a manhã, tecendo o meu dia,
Enchendo-o de cores, de flores,
De sonhos, de amores...
De encanto, magia! De poesia.

Ousada manhã.
Um convite a voos livres.
A viagens mar adentro, peito aberto...
A passeios à beira-mar, sob fina garoa,
Mãos dadas com o amor.

É finda a manhã.

Ah, essa tarde
Que teima em insinuar recomeços...
Fala, fala, fala... Boceja...
Me abraça. Me entrega a noite.

A Lua, atriz principal, convoca as estrelas
E, no palco, anuncia: o espetáculo vai começar.
O show, permeado de mensagens,
Recomenda prudência diante dos dias.
Lembra, ainda, que as escolhas a cada amanhecer,
Seguem comigo, eternidade afora
Numa ânsia incontida de evoluir,
E de fazer-me por inteiro.
Por fim, reverente, apaga as luzes. Fecha a cortina.
Ato contínuo: novo dia, novo aprendizado.

RENOVO
Valéria Neves da Costa

Amanheceu, o dia me deu um sorriso latente
O sol despontou e ofereceu-me um presente
Com a alvorada trouxe uma caixa cheia de bênçãos, que tanto almejo
Dentro dela, uma folha para escrever meus desejos
Com a luz invadindo meu quarto, fecho os olhos e peço renovo
Peço sabedoria para trilhar o caminho que foi a mim reservado
Para aproveitar tudo que a mim foi destinado e confiado
Para se cumprir tudo o que até ontem foi planejado e tão profundamente sonhado
A luz do dia irradiou em minha alma
A aurora encheu-me de esperança
A nova chance entregue pelo novo dia até me acalma
Pois com ela posso chegar à bonança
Sim, posso tentar tudo que quiser, de verdade
Posso correr em busca dos meus anseios
Posso mudar minha realidade
Posso alcançar até o que desejei em devaneios
Uma porta com uma nova oportunidade se abriu
Resta a mim escolher seguir, parar, nada fazer ou minha vida mudar
Então, resolvi retribuir o sorriso, já que o dia também me sorriu
E pulei da cama para viver tudo que eu puder aproveitar
Decidi buscar o que sempre quis
Resolvi lutar e não desistir
Decidi viver
Escolhi ser feliz!

AMANTE ABUSIVA
Roberta F.S. Gonçalves

Deitei-me ontem acompanhada da angústia
Apaguei as luzes, tranquei as portas
Dei-lhe mãos tolas e a conduzi a meu quarto
Despiu-se ela da timidez que vestia
E fogosa, instalou-se em minha cama
Tal qual gente a quem se ama
Arrebatando-me os sentidos
Turvando-me o juízo
Eu, então, em lágrimas. Ela, megera, puro riso

Roubou-me de mim, a angústia
Noite inteira beijando-me o rosto
Sorvendo feliz o meu choro
Mangando dele, fazendo troça
Minha ânsia, seu gozo

Foi então que com força pequena
Abandonei os encharcados lençóis
Deixei ali a amante abusiva
E com pés vacilantes a janela busquei
No horizonte arrebol se fazia
E no dia que nascia a esperança reencontrei...

DIA DE VERÃO

Rejane Araújo

As casas dormem.
Sob o sol inclemente
não se ouve o pio de um pássaro
um alarido qualquer.

As casas se derramam sobre a paisagem.
os bois se derramam no pasto.
As estradas se derramam
e se entortam ao longo da passagem.

Assim é o rio:
quente, espumoso
derramando-se sobre as veredas.

Nos telhados faiscantes
a claridade vaza o olhar.

O gato se esparrama sobre a mesa.
O cachorro se esparrama sob a mesa.
O homem quis até se esparramar por sobre a cama
mas a rede lhe ofereceu um pouco mais de alento.

E a brisa suave
que se esparramou sobre o mundo
fez tudo calar!

DIAS ACINZENTADOS NO MEU PRÓPRIO ALTER EGO

Eliel C. Ferreira

Pela janela a cortina esvoaçante
Anuncia o dia chegando irresoluto
A brisa da manhã cálida como um beijo
Na calçada de ontem as pegadas úmidas
Firmam o paradoxo desta alegre solidão
De quem sabe se fazer presente
Mas prefere se esconder nas multidões
Cotidianamente
    Há nuvens acinzentadas cobrindo o céu
        E um sol enfraquecido no fim do outono
            Fuligens cintilam no ar
                Como bailarinas tímidas
                    Dançando flutuantes
                        Sem ponto
                            Nem parada
                    Elas descem destrambelhadas
            Como este homem meio triste
        Serviçal na casa das paixões
    A declinar pela lacrimosa escadaria da vida
Estes são dias a entalhar o sujeito
   Pelos solstícios invernais com seus ventos gelados
      Entre cada tempestade de café e vinho
        Deixo a taça ficar mais ou menos vazia
           Porque no meio do dia me torno o meu próprio alter ego.

DIA DE CONSTRUÇÃO
Marisa Toth

Certamente o passado não volta para consertarmos os nossos erros
O futuro é incerto diante dos mistérios da vida
Então, vamos nos focar no presente, no dia de hoje
Ao que o momento nos acolhe
Vamos nos empenhar em merecer que amanhã o sol volte a brilhar, sem nos queimar
Então, poderemos limpar a visão enfumaçada
Que nos compete este presente tão sofrido em que o mundo atravessa
Um momento de muita dor, fragilidade, leveza do ser
Precisamos urgentemente despertar para a REFAZENDA
Precisamos mesmo nos unir, como nunca fora feito antes
Valorizar o que realmente importa
Cuidar do nosso habitat, enquanto estamos por aqui
Cuidar do que nos fora doado pelo Criador
e dar a este planeta o seu intrínseco valor
E só assim não será mais preciso ceifar tantas vidas
para que a humanidade desperte
Chega de dias de destruição... matar a fauna, a flora... e até o nosso oxigênio, por diversão
Vamos lutar por "DIAS de CONSTRUÇÃO"
Vamos agradecer toda manhã, todos os dias, ao acordar, ao Onipotente, ao Universo
Agradecer a vida e tudo nela que nos é oferecido de graça
Vamos devolver à nossa Amazônia tudo o que lhe fora roubado por ganância
Vamos lutar por justiça em todos os âmbitos, sem medo da sorte
Vamos viver toda a sua grande beleza, na certeza de que,
um dia, os homens não voltarão a dormir sem acreditar na própria grandeza!!!

SOBRE O DIA E A MEMÓRIA

Maria Luiza Firmino

Era menina de enxergar:
e se olhasse para o mundo agora
veria o dia nascendo devagar nas folhas da amoreira,
a borboleta amarela pousando no chão encardido
e debaixo de uma sombra qualquer
um formigueiro.
Sentiria o sol laranja na pele do rosto
e, decerto, invejaria
a liberdade dos pássaros e o grito valente das cigarras.
Era menina de tato:
sentiria o mundo nos dedos grossos das mãos e nos pés achatados.
E de tanto andar assim, esquecendo os chinelos e o tempo,
encardiria as solas e ficaria velha.
Mas, se olhasse o horizonte agora,
apenas sorriria e veria um céu sem nuvens, um coração sem saudade,
um dia claro, vigoroso
e limpo.
Era menina de amanhecer:
choraria ao pôr do sol
mas outra vez acordaria pedindo café,
com manias de criança esperançosa,
para depois se debruçar à janela e, descalça,
sentir a luz do dia inundar a si mesma e a varanda.

SER SOL

Mila Domingos

Do alto dessa montanha observo o dia raiar, vendo o sol brilhar, surgindo no horizonte, começando a trilhar as primeiras horas do dia, e depois do meio-dia, conseguindo me alcançar, e com um abraço a me apertar, contornando o meu corpo me fazendo dourar, iluminando a escuridão nesses dias de solidão que me fizeram chorar.

Hoje posso descansar, pois pode acreditar, o sol veio determinado a me iluminar, me fazendo um girassol que a todos pode encantar.

Daqui dessa montanha me ponho a pensar, como posso iluminar esse alguém que vem me encontrar, só quero lhe passar com o toque do meu olhar sedento para iluminar o seu caminhar, só quero lhe brilhar, te fazendo me amar.

Sei que posso acreditar que você veio para me amar, seguindo a trilha solar, se deixando guiar pela luz do meu olhar, um olhar apaixonado cheio de amor para dar.

Ontem não poderia, eu, imaginar que hoje teria alguém para me acalentar e me fazer sonhar, deixando esse dia brilhar, mesmo estando a sonhar sei que posso imaginar que um dia seremos sóis um para o outro. Nisso vou acreditar para continuar a sonhar.

UM DIA FRIORENTO
Hilda Chiquetti Baumann

Passeio na chuva
regando os meus pensamentos
que vazios vagam pelos campos
Nas mãos seguro o chapéu
arrancado pelo vento
que soprou frio
encrespando as águas do lago
fez o mundo friorento
As ervas estão tostadas nas pontas
O gelo as queimou
Vê-se ainda pomares vermelhos
pintados de maçãs
No céu tem espaço azul sobrando
uns rabiscos brancos de nuvem passeiam
Os carneiros pastam os brotos tenros do capim no chão
Os lados do caminho estão forrados de flores de marcela
Vejo as folhas ainda encharcadas de gotas de orvalho
Armando o cavalete, um artista
capta o dia e o campo com os olhos
O sol enche tudo de cores, de flores
Minha alma brilha, repleta de luz.

BEM-TE-VIS
Pedro Passos

Hoje o dia amanheceu diferente
Raios quentes de sol na minha perna
Bem-te-vis se auto proclamando na janela

Não sentia mais o seu olhar
Seu nome não me fazia arrepiar
Sua voz se dissipava no ar

O pé na areia me era estranho
Na grama me sentia em casa
A cachoeira me chama

Meu coração não palpitava
Quando o avião pousava
Com os pés no chão caminhava

Os girassóis não mais se voltavam
Ao Sul
Eles seguiam novos olhos
Ao Norte

Numa noite de verão que tudo mudou
O que estava quebrado e empedrado
Agora exalava energia
Inteiro

Tudo mudou
É tudo novo
E junto com os bem-te-vis
Canto meu nome

DIAS REPETIDOS

Jane Barros de Melo

Vejo a linha do horizonte, o sol espelhado no mar
Coqueiros esvoaçantes, folhas soltas no ar
Vejo um dia despertar

Árvores entrelaçadas, jardins que tento admirar
Figuras se movimentam
Provocando sempre um olhar

Paradas inesperadas, pessoas a circular
Crianças, idosos, precisamos ajudar
Difícil ultrapassar

A velocidade intensa não permite parar
Penso que estou no trânsito
Ou no espaço lunar

Quantas vezes acreditamos repetir o dia
Uma sinfonia que podemos mudar
Há sempre um dia para recomeçar.

O ÚLTIMO TOQUE

Francisca Oliveira

Naquela rotina matutina, era para ser tudo normal.
O banho, o café, os medicamentos… Mas algo era desigual.
Você ficava no sofá. O trabalho???
Hoje era meu dia. Eu iria… Não fui. Fomos.

O ritmo daquele dia se quebrara.
Nada de ponto comercial. O destino foi o hospital.
A pressão arterial subiu. A glicose também.
Medicações para cá. Exames para lá. Foi preciso internar.

Você, um pouco letárgico, pedia para casa voltar
Eu, carinhosamente, tentava lhe acalmar.
No dia em que vivíamos tal situação,
Sentia, disfarçadamente, dilacerar meu coração.

Ao lado da sua cama, eu segurava cuidadosamente sua mão
Enquanto, meus nervos se entrelaçavam com tamanha tensão.

E naquela tarde fria e acinzentada você se foi.
Corri. Tentei acelerar. O semáforo fechou…
O trânsito travou. O coração disparou.
Me perdi na ânsia de te encontrar. Não consegui te alcançar…

Só queria mais uma chance para me aproximar. Te olhar. Cuidar
Sentir seu cheiro. Sua pele… E pela última vez… Te tocar.

AS DORES DO PROCESSO
Nathalia Louise Prado

Preciso de exemplos
dos bons, dos maus, do mal e do bem
De pessoas que constroem suas vidas
que dedicam cada minuto de seu dia
a encontrar propósito para buscar
em cada solstício um novo início

Preciso de gente
que independente do que tente
nunca pare e seja resiliente
de gente como eu e você
que arriscam de forma corajosa,
nem que seja para bater de porta em porta,
e reiniciar uma nova rota

Preciso de mais amor
do que dor,
de gente que entenda das dores do processo
que se ponha a compreender que as dúvidas
do caminho vão surgir
e que na busca incansável de construir
vai, para o resto dos dias, eu espero,
surgir um belo horizonte de
novos elos belos para criar mais exemplos
com lindos intentos
e focos frutíferos

ABACATEIRO

Nathalia Louise Prado

Encontro marcado nosso de cada dia
Durou pouco tempo
Mas a nossa vida era alegria
Entre nós não havia
Olhar triste
Era confissão
Amor
Amizade
Brincadeira
Por tantas vezes, ah, ilusão
Pôr do sol,
os pássaros
e o vento gelado que
anunciava a noite estrelada
Outono
Víamos o céu com imaginação
De quem almeja libertação
De quem está aqui querendo
Outro mundo
Estar em todo lugar
De quem está aqui e de
Que quer voar
Dois pássaros presos
A imaginar o momento
Em que pudessem sonhar
Queríamos juntos e
nós nos segurávamos
Queríamos perfeito e nos enrolávamos
O meu perfeito era diferente do seu
O nosso não foi tecido
Deixamos a ver navios
Virou um sonho perdido
Não te servia e não me cabia
A gente voou um sem olhar para o outro
Enquanto ninguém via
A tarde ficou cada vez mais vazia
O dia durava muitas horas
A brincadeira sob a árvore não existia
O vento foi levando e só ficou tarde fria

RITUAL
Félix Barros

O mar que invadia meu peito,
Ressaca sobrepujando as calçadas,
Tornou-se mera vaga em baía mansa,
Céu azul em meio à brisa do fim de tarde.
Um brilho de manhã,
Um fogo ardendo no olhar,
Costuma vicejar pelas bandas do meu sonho,
E minha nau se entrega ao mar bravio,
Por ter de recobrar o nosso sonho.
E vai te encontrar além do rio,
Sorriso de braços envolventes, abraços macios,
Aconchego de sonhos de olhos abertos,
Leito de amores vadios,
Silêncios contritos,
Que obedecem aos ritos
Do amor e de se dar...

UM HINO AO DIA
Euri Ferreira

Ó manhã, que anunciais novo dia
Com a luz do Astro-Rei, esplendor,
Vós, que abris em perfeita harmonia
Do universo, a jornada em labor.

Ó radiante luzeiro celeste,
Que brilhais na odisseia do mundo,
Vossa luz que ilumina e aquece
Traz calor bem viçoso e fecundo.

E, vós, terra, ao cumprir vossa rota
Com os segundos, minutos e horas,
Vosso chão, que os seres suporta,
É o princípio onde a vida aflora.

Céus, que as chuvas e nuvens formais
Firmamento formado em grandeza,
Sois espaço em que abrigais
As estrelas e a lua em beleza.

Todos, vós, seres vivos criados
Por vontade e alegria divinas,
Com o desejo de Deus sois amados
E os fazeis firmes vossa rotina.

Nós, também, filhos, filhas de Deus,
Neste dia façamos louvor
E elevemos um hino aos céus
Por nos dar energia e vigor.

CONSELHETO
Nanci Otoni

Um conselho que pra vocês já vem
Está na ponta da língua de Alguém
Que acredita que vale muito a pena
Cada dia desta vida pequena.

Pra acolher esse conselho que é dado
Devemos abrir nosso coração
Pois o Pai tem nosso nome gravado
E da gente Ele não esquece não.

Digo isso, meus irmãos muito queridos,
De quem Deus nunca abrirá sua mão
Não vivamos o dia a dia em vão,

Por isso, aceitemos o Seu conselho
E gozemos nossos dias co' amor
Seguindo o exemplo de Nosso Senhor.

DIA
Ana Cristina Santos

O dia é hoje, o agora
O momento, o despertar da aurora
Vamos ser felizes agora
Neste momento, nesta hora
Todo dia é dia de ser feliz
Quero ser na vida aprendiz
Todo dia é dia de brincar com as crianças
Guardar com carinho a lembrança da infância
Quando brincávamos de ciranda e de pega-pega, e de roda
Eita brincadeira gostosa!
Vamos contemplar o pôr do sol agora
Vamos ser felizes sem demora
Ao romper de um novo dia ou o despertar da aurora
Vamos ser felizes agora
Vamos escrever poesia ou cartas de amor
Nesse mundo vasto, vamos mudar a paisagem.
Vamos ser felizes dia e noite espalhando amor
Nesse mundo cor-de-rosas espalhando emoções
Vamos cantar todo o dia para os males espantar
Ouvindo o cantarolar dos bichos e também dos sabiás

Pedro Canário, ES, 22 de Abril 2021.

A NUVEM E O SOL

Erika Rodriguez

Ele é movido à luz solar. Pés descalços na areia escura.
Ela gosta de dias nublados e do entardecer em tons rosados.
Ele ama o mar e seus mistérios.
Ela prefere o cheiro de gramado recém-aparado e flores silvestres.

Ele curte o verão.
O traje dele é bermuda sem camisa.
Ela é puro outono, veste meias listradas e capa de chuva.

Ele é ágil, direto e gosta de esportes.
Ela é lenta, detalhista e cercada por livros.
Ele é branco como papel, e por mais que tente se bronzear, só consegue um colorido de crustáceo.
Ela é morena e pega cor fácil, mas foge do sol e prefere se sentar à sombra.

Tão diferentes em tudo, parecem viver em mundos diferentes, mas o amor só aumenta a cada dia.

Ela o observa em sua prancha, cercada de palavras sob o guarda-sol.
Ele se senta com ela na varanda e, enquanto ela lê, acaricia seus pés em silêncio e agradece por ter tanta sorte. Mais um dia.

DIAS POENTES
Tavinho Limma

Lá onde o sol repousa um rubro corpo, luz
Vejo o silêncio avermelhando céus azuis
Entre as nuvens com formatos de chapéus,
Enxergo a paz, descendo em tantos véus
Acalmo a voz, corando toda a pele
Entardeço assim pra que a noite me revele

Oh! Dia poente não me compele...

Se as cabeças que recebem o sol
Repensassem sob os olhos da coragem
E fizessem do poente a própria imagem
Transformavam os seus dias nesta calma
Desenhavam a mão do amor em outra palma
Aqueciam o frio do corpo ao sol da alma

Se os cabelos deste mesmo sol
Desfiaram quase sempre como raios
Adentraram o coração, por onde saio...
Quando as tranças das palavras são segredos?
Quando arranco das melenas, tantos medos?
Quando tardo a descobrir que ainda é cedo?
Poentes dias são enredos...

UMA SEGUNDA-FEIRA QUALQUER

Manoel Hélio Alves

Quanta saudade...
Hoje eu ouvi a sua canção
Lágrimas brotaram dos meus olhos
Passou um filme inteiro na minha cabeça
Que viagem maravilhosa
Eu vi um disco voador pousar em meu coração
Não estou só neste momento
A sua música me libertou
Do tédio de uma segunda-feira comum.

EMPODERADO

José Wellington Gomes da S. Lemos

Chega sorrateiro.
Desperta
emoções e paixão
desmedidas.

Eriça
mente,
pelos,
corpos inteiros.

Não dissimula.

Rompe
marasmo,
apatia,
tranquilidade
adormecidos.

Chega manso.
Não pede licença
e instala-se
por inteiro
entre
o ontem,
o agora
e o amanhã.

SOBRE PASSARINHOS, INSETOS, CRIANÇAS E AÇÚCAR!

Sueli Ordonhes

Quando o dia amarga
desvio meu olhar
de passarinho.
Me visto de beija-flor
gosto de água açucarada!
Viro voo de joaninha
asas vermelhas-força
e-ner-gi-a.
Abraço as pintinhas e rio!
Gosto de formigas
e de crianças
fincamos nossos pés
na terra e caçamos
ouro em pedrinhas.
É no andar da carruagem
que lagartas assustadoras
não assustam, mas alertam...
Cuidadosa e leve
no voo das borboletas
transmuto em lilás
alegria e paz!
Respiro e voo!
O dia? Açucarou!

ESPETÁCULO DA VIDA

Beatriz C. Mattos

Passarinho pia
Que já é quase dia
Quanta alegria!

Passarinho canta
A liberdade de poder voar
E suavemente anunciar
A chegada de um novo dia

Passarinho voa
Em busca de alimento
Mas não seja lento...
Seus filhotes estão de boca aberta no ninho

Passarinho tenha atenção
Aos obstáculos no caminho
Em breve outras aves, insetos e demais animais
Estarão despertos: tudo pronto
Para mais um espetáculo da vida chamado "dia"

E não tem fim
A poesia do meu jardim
Todos passarão. Eu, passarinho, ficarei

SOL GIRASSOL

Deuzeli Linhares

O dia amanhece lindo
Seu sorriso brilha aqui
A paz do canto sagrado
O canto do Bem-te-vi

A cada manhã nessa varanda
Contamos histórias ancestrais
Nossos avós quando crianças
Cantigas de rodas matinais

O sol brilha lá longe
Fogueira da noite passada
A beleza desse recanto distante
A vida na fazenda sagrada

O dia inicia e termina
A luz do sol girassol
O encanto da linda menina
Meu mais perfeito farol.

O ACORDAR DOS DIAS

Sueli Nascimento

Acordar sem ele é quase a minha loucura
É um despertar insonso... insano
É quase um olhar fixo no precipício
Um silenciar da completude
Um desertar da palavra...
Acordar sem ele é quase um desternurar dos sonhos
Acordar sem ele é opaco
É sem som... sem sabor...
Há dias em que acordo morta
Noutros dias apenas ferida
Noutros sangro os despertares todos, de todos os dias que restam
Insanamente noutros dias revivo, reacendo a chama...
Acordar sem ele é dor pungente
É dor pulsante
É dor aconchegada num sempre.

SOU O DIA
Ge Lima

Sou o dia… sou assim…
Cheinho de pedaços da natureza,
Que com sua beleza…
Encanta as manhãs sem fim.
Eu começo retirando uma pedra do sol.
Ah, ele sai radiante com seu raio reluzente,
Às vezes trêmulo, mas que finca na terra, e faz o homem contente.
Quando fico ousado, retiro de novo a pedra das nuvens,
Elas saem num compasso só, bailarinas de um palco infinito e nem querem saber se é bonito…
Dançam… dançam…
Agora louco, mais uma pedra retiro das árvores pedindo sua sombra… frutos,
Mas elas só querem bailar e vibram, quem sabe assim, se livram dos brutos.
Que querem massacrar seu tronco indefeso,
Em troca de um triunfo incoeso.
Mas temendo agora, vou e retiro a pedra dos rios… mares… cachoeiras… que escandalosos,
Disparam e enveredam por vales, ruas, montes levando a certeza de que às vezes são raivosos,
Mas querem seguir seus cursos sem curiosos…
Ah! Mas como gosto de retirar a pedra do vento. Que espaçoso brinca também de curioso,
E balança as flores, num compasso ditoso.
Mas quando fica raivoso abala a estrutura da terra,
E com suas asas voa sobre a serra…
E quando retiro a pedra da tarde…
Já anuncio quem foi um dia…
O DIA…
Que vê sempre o mesmo sol que levanta ir embora…
Deixando a beleza que encanta…
Num coração que não cansa de clamar por mais um DIA de festança!!!

DIAS EM MIM

Maikson Damasceno Fonseca Machado

todos os dias em mim são dias
segundas, terças, quartas e quintas
mornos domingos a se repetir

almejadas são as sextas-feiras
ditando o compasso do som dos passos
aprisionados nos fechados sapatos

todas as horas em mim: são horas
mudam as cores, as luzes, passam os carros
mudam as nuvens, cambiam os astros, altera-se o status
seguem braços, pernas, cabeças, mãos
alegres são as rodas das bicicletas e as crianças em correria

todo o tempo em mim: é tempo
trago o jornal embaixo do braço
um pequeno embrulho com pães
penso em algo que esqueci

desejados são os feriados
distantes perdem-se das vistas os homens
para trás ficam as passarelas e pontes
singram canoas, remos, barcos e suas velas
marquem o calendário que apresa os dias

A BORDO TODOS OS DIAS
Elianes T. Klein

Diário de bordo é referência
Dias abertos em construção.
Não é roteiro que determina,
Não é mera rotina,
Não é cronograma,
Não é mapa da mina,
Não é fórmula mágica,
Não é folha em branco,
Não é registro escrito,
Não é caminho pronto.
Diário à bordo é navegação,
É rota a ser construída.
Embora tenha direção,
Planejamento e proposta,
Pode ter destino ou não.
Ser descoberta constante,
Mundo a ser desvendado,
Bússola em movimento,
Planos em mutação...
Nos pontos marcados,
Dias de viagem na vida,
Vale o que vem de dentro,
Do universo do coração.

DIA NUBLADO!

Marlene Godoy

Dia nublado!
Pensamentos equivocados
Buscando encontrar
Respostas para perguntas
Ao revés da existência

Contudo, sinto saudade,
Dos momentos idos
Onde busco encontrar
Motivos para olhar
Nos olhos do destino
Neste momento de desatino
E perguntar:
Anotaram a placa do caminhão que me atropelou?

HOJE É DIA
Antonia Barros

Hoje é dia...
De beijar as flores,
Admirar as cores
E acolher amores.

Hoje é dia...
De plantar semente,
De cuidar da gente
E de ficar contente.

Hoje é dia...
De pedir perdão,
De estender a mão
Para aquele irmão.

Hoje é dia...
De brilhar no escuro,
De subir no muro
Pra ver o futuro...

Hoje é dia...
De contemplar o belo
Namorar sincero
E ler verso singelo.

Hoje é dia!
De ter esperança
Fazer aliança
Com uma criança.

Hoje é dia...
De esquecer rancor,
Enfrentar a dor
E cultivar o amor.
Hoje é dia!

ESCOLHAS
Valdenísia Macedo

Desponta o sol, chega o dia
novo em folha, com muito brilho
solta a voz, ecoa lindas canções
pincela cores, esparge luz, poesias

sonhos, alegrias, ternura, encantos
exala perfumes, sintetiza emoções
emoldura suas belezas, surreais
prescreve receitas, amor e paz

direções potenciais, chances vitais
embrulhadas com esmero e afeto
laços fortes, botões de coragem
jardim florido a ser descoberto

enigmas sorteados, aprendizados
livro da vida, escolhas na grafia
olhar no infinito, vê entardecer
fulgor das horas, pétalas do dia.

O DIA DA UTOPIA
Edson Nogueira

Um rio, uma terra, um lar e a pureza que você tanto queria.
A morte e o nascimento de tudo: se resume em um único dia.
Pulmões blindados e ares de um futuro suave.

Marcas violentas trancadas em pele macia.
De ontem até hoje, uma utopia, quando tudo se resume em: era uma vez um dia.
Foi o bastante um dia de utopia?
Plantamos sentimentos, colhemos abraços.
Tudo está vivo; nada foi extinto.
O oceano respira; estrelas em multidão.
Hoje, se olha com o coração.
Mil anos de paz cabem em um dia:
O dia da utopia.
Nada é tóxico, nada envelhece.
Alguém não adoece ou ninguém jamais morreria.
E pensar que começou em apenas um dia.
Um dia em que o simples é especial.
O nascer do sol, o cheiro das flores, a dança dos rios.
Um dia inteiro de choro e alegria.
Ao acordar, não se fala mais em sonho. Foi real o ontem!
O hoje é palpável. Sem essa de utopia!
Simplesmente, é apenas mais um dia!

PERCEPÇÃO
Patricia Baldez

Você percebe:
Que hoje é filho do ontem?
E está grávido do amanhã?

Você percebe:
Que escolhas implicam renúncias?
E que as decisões tomadas agora
alteram seus possíveis e prováveis futuros?

Você percebe:
Que o livro da sua história
é uma coletânea de cotidianos contos?

Você percebe:
Que tem raiz?
Mas também tem asa?

Você percebe:
Que todo dia é hora de acordar?

SOL INTERIOR
Nicoli Cristine Ruprecht

A cada nascer do sol é uma nova oportunidade
para mostrar ao mundo o seu brilho,
aquilo que você carrega na alma
e transborda na leveza de cada olhar sem nem mesmo perceber.

Verdadeiro, puro e transparente
assim como o canto dos passarinhos,
o caminhar calmo do vento,
a garoa que cai como um véu
e o seu sorriso sincero que ilumina o céu.

A cada dia você tem uma nova chance
de fazer sua alma florescer!
Os raios de sol batendo na janela
te lembram isso todas as manhãs.

Manhãs onde você tem a realização
dos sonhos da alma em suas mãos,
manhãs que podem ser leves como o voar de uma borboleta
ou desafiadoras como o olhar de um leão.

Do nascer ao pôr do sol nasce uma vida de sonhos,
basta você levantar
e mostrar o seu sol interior ao dia,
que mais uma vez faz o seu renascer.

PARTÍCULAS DO TEMPO
Helena Tekka

CADA DIA EU SIGO
CADA DIA
UMA PARTÍCULA DO QUE APRENDI
CADA DIA,
 ME VISTO COM A FORÇA DOS NOVOS SABERES
CADA DIA,
ME RESSIGNIFICO
A VIDA EU SIGO

CADA DIA ME DEITO AOS DESEJOS
É QUANDO ME VEJO
PLURALMENTE
ARDENTEMENTE
CADA DIA,
ME REINVENTO
SEI DE MIM
ME VEJO À FRENTE

BUSCO OS DIAS QUE PERDI
NO PRESENTE EU VIVO
CADA DIA DEIXO UMA PARTE DE MIM
RUMO AO FUTURO, SIGO!

OUTRA TARDE DE VERÃO

Ruan Sousa

E naquele fim de tarde eu me sentia diferente,
Não sabia explicar o que estava acontecendo,
Eu desejava explodir,
Um oceano de sensações me afogou:
Eu quis rir, quis chorar,
Quis pular, dançar,
Gritar, cantar,
E quis sumir.
Mas nada fiz, só respirei fundo,
Ao som dos pássaros, sob a brisa,
E fotografei o sol se pôr, como de costume.
E foi mais um pôr do sol,
Assim como os outros,
Triste e enigmático,
Mas, profundamente lindo.

SINO VITAL

Caren Schultes Borges

As badaladas do sino vital
despertam os olhos do dia ancestral.

Vestem-se coragens
inspiradas em prateadas viagens.

De esperança, respira-se o solar.
De amores in-dignos, transpira-se ao luar.

Corpos pulsantes, andarilham.
Mentes abertas, germinam.

Desacordam-se em pausas de café.
O fôlego redobram. Apegam-se em fé.

Despontam os contornáveis horizontes.
Apenas balançam as memórias remontes.

Em labor se acomodam. Evoluem ao sopé.
Apaixonam-se em sonhos. Amam alafé.

E as badaladas do sino vital...
ao cerne ressoam.

QUANDO É MAIS DO QUE ZERO
Mariáh D'Ávila

O raio de sol da manhã não é o que marca o início do dia
É aquela troca do relógio
Por vezes imperceptível
Dois pares de zero viram um
E mais zero um
Esse é o começo
E na maioria das vezes não vejo isso acontecer
Ocupada demais com o sono
Com o aplicativo de mensagens
Com o amor não correspondido de quem tem meu coração sem nem saber.

Façamos um trato:
Prestar atenção nos dias
Prestar atenção nas viradas que o relógio dá
Dizer o que você sente e amar sem pensar no início do amanhã
A intensidade vai fazer valer o dia
Vai fazer valer a vida
Mesmo que muito se perca no meio das semanas e dos meses na lembrança.
A verdade e o sentimento são a única coisa que permanecem.

DIÁRIO DE BORDO
Mariáh D'Ávila

O mar amanheceu calmo
Me pergunto se ele vai seguir assim até o fim do dia.
No movimento das águas profundas
E no meu peito.

O pensamento lá no sul do Brasil
No endereço da minha saudade diária.
Quilômetros te afastam, mas a saudade te faz permanecer no meu peito.

É difícil viver uma sexta-feira sem lembrar de você.
Então eu corro para as palavras.

Livro meus pensamentos de ti, lendo.
Cada capítulo é uma pausa na minha saudade.
Dia após dia.

BOM DIA!
Regina Marinho

Nascer para o novo
Acender nova luz
Alcançar horizonte
Onde tudo reluz

Brotar esperança
Saborear outros sonhos
Renovar sentimentos
Pensamentos risonhos

Podar o passado
Regar o futuro
Dia após dia
Passo por passo

Ciclo de vida
Força atrevida
Ousar ser você
Sem mais nem porquê...

CÉU DO DIA

Mirelle Cristina da Silva

Dia
Início ou fim
De tudo
Da vida por exemplo
Dia de qualquer coisa
De guerra e de calmaria
Louco ou aguardado
Inesquecível ou esquecido
Entediante ou fantástico
Interessante ou sofrível
Tranquilo ou assustador
Feio ou bonito
Comum, qualquer
Feliz
Talvez

Parado ou frenético
Surpreendente
Estressante
Do presente
Do passado
Do futuro
Mutável é
O dia
O céu do dia
Oscilante
Inconstante

POEMA DE MAIS UM DIA
Walter Handro

Hoje senti sol denso e ventania,
como em beira de mar de silêncios,
sem guarda-sol de muitas cores
que me cobrisse o ócio e o tédio,
sem areais vermelhos cintilando
e escorrendo entre os dedos,
enquanto a alma se esvaía como abelha
que busca o pólen nos arrabaldes.

Fui vagabundo e folha tangida
que se orgulha de ser inútil e inofensiva,
fui mais eu.

Vi as nuvens brancas passarem, e acenei
como náufrago em ilha deserta, vazia
até de pensamentos, e depois sonhei
em branco e azul, até em dourado,
quando os pássaros bateram asas
e me acordaram, para dizer
que o sol já me dissera adeus,
até amanhã silencioso e frio,
que eu não sentira, pois estivera
bem longe, vivendo.

DIA DE FOLHAS RASGADAS

F. Lestrabic

Tento e tento… mas não consigo
sintetizar-me.
Que expressão ou palavra me definiria?
"Asa nisi masa", "Rosebud"?
Os pensamentos procuram,
pássaros em revoada.
Os sentimentos se confundem,
conchas, dramas, chamas
e fuligem das chaminés,
cinzas na cidade silenciada.
Que rua de árvores e raízes…
memórias com cheiro de infância
em uniforme escolar.
Quando ando por aqui
perco os mapas, tantos sentimentos, tantas vontades… e o futuro,
e o presente, distantes.
Só, vou indo entre as nuvens
e suas impermanências.
Poeira nos sapatos e nas escolhas, dúvidas e suas incongruências.
Estranhezas nesse dia de folhas rasgadas no quarto que ventava,
incertezas na poesia pela janela das cortinas que voavam.

DIA
Selma Luciana

Quando o dia descortinar no horizonte,
Sorverei o ar no cálice do encanto,
Matarei minha sede com água da fonte,
Da noite mal dormida, secarei o pranto.

Me vestirei de fé e esperança,
Rogarei aos céus para a névoa dissipar,
E que não seja solitária minha andança,
A poesia possa sempre me acompanhar.

Cada dia representa um recomeço,
Uma nova chance de fazer diferente.
Lembrarei das pedras de cada tropeço,
Com mais força seguirei em frente,

Brindarei a vida com meu riso
E o que foi ruim, fique no passado,
Porque ser feliz hoje é preciso,
Fazer de cada dia um aprendizado.

AMANHECE
João de Deus Souto Filho

Na casa,
Com o raiar da manhã,
O perfume do cuscuz
Inunda cada cômodo:
A cozinha, nascedouro do sutil aroma;
A sala, ainda recolhida no silêncio das mobílias;
O corredor, vazio, guardando os passos do dia anterior;
O quarto, onde ressona a criança entre cueiros.

Na casa,
Com o calor da iluminada manhã,
O perfume do cuscuz
Nos dá "bom dia"
Acaricia a nossa face
Beija-nos com sua boca de lábios dourados:
O sol que nos aguarda sobre a mesa.

Na casa,
Agora acordada,
O sutil aroma do cuscuz
Mistura-se ao cheiro aveludado do café
Que aguarda no bule sobre a mesa
O primeiro afago, o primeiro gole.
Principia-se o dia, enfim:
É chegada a hora da labuta.
Lá fora, o sol estampado
No céu que explode em azul...

RECOMEÇO
Nádia Bandeira

Começa um novo dia
Tudo me surpreende
Sol, chuva ou neblina
Sempre diferentes
Cada dia tem seu ritmo
Ele me leva consigo
Cada instante, um signo
Olhar atento e vivo
Porta sempre aberta
Para o novo e o antigo
Anoitece e me recolho
Começo a tecer
Fios recolhidos da jornada
Surge um manto
Para recomeçar
Tudo outra vez.

TRANSPARECENDO EMOÇÕES

Adriana Camarão

Meus pés sentem o calor da areia,
o mar banha pureza em minha alma,
o sol em meu corpo incendeia
olhar pro céu e lembrar de você me acalma.

Desvio o olhar e vou ao encontro do horizonte,
lá eu busco te encontrar sem me perder
Na cabeça apenas um rosto, apenas um nome,
na boca um gosto difícil de esquecer.

Quero tanto sentir teu cheiro que a doce brisa não me trás,
quero tanto sentir teu beijo em minha face uma vez mais.

Então vou voar além da imaginação

Libertar meus sentimentos
Deixar que esse momento
Transpareça minhas emoções.

O DIA NO QUAL ACORDEI
Mariana D'Andretta

Nesse mar quero mergulhar, navegar,
A fim de encontrar um pouco de paz.
Enquanto vejo o sol raiar,
Trago a minha mente até um refúgio fugaz,
Mais um dia na imensidão do Universo para brilhar!

É sempre assim,
Na areia fica o pior de mim,
A criatividade quebra igual à onda,
E leva a intempérie que ronda,
Um corpo pronto para se curar!

Quero mais esse dia,
Para brindar na poesia,
A alegria de renascer e ver o sol aquecer,
O meu ser,
Num novo dia para agradecer!

É isso o que acontece,
Quando a gente se dá o que merece,
Então tudo parece diferente,
O assobio da gaivota anuncia:
Segue, menina, porque hoje é outro dia!

DIA DE ESPERANÇAR

Lucimar Francisco Rosa

É vital esperançar,
Ainda que em tempos doídos.
É vital esperançar,
Ainda que em situações desoladoras.
É vital esperançar,
Ainda que a razão constate o fracasso.
É vital esperançar,
Para que haja fôlego.
E para que a realidade não nos sufoque.
É vital esperançar,
Para mover-se!
É vital esperançar,
Na partida, no caminho e na chegada.
É vital esperançar,
Para seguir...
É vital esperançar,
Por você, pelos outros, por todos nós.
É vital esperançar todos os dias.
Esperançar é e sempre será: vital.

DIÁ-RIO
Juh Lazarini

Dias sombrios...
De coração frio!
De noites sombrias...
De almas a vagar no vazio!

Dias que se suportam...
Que não se importam...
Dias sem entardecer...
Deixando as almas a aborrecer...

Do caos e do medo.
Ressurge um novo enredo... (...)
Dá-se o devido valor!
Ao respirar o ar,
olhar o céu...
e sentir do Sol seu calor.

A Reviver dias de alegrias!
Às almas que souberem...
Se refazer!
Se reencontrar!
Se transformar!
Transcender...
Poderão assistir novamente ao mais belo amanhecer!

DIA DE PARQUE
Patrícia Calegari

As crianças acordaram
Mesmo antes do despertador tocar
– Acorda, Pai! Acorda, Mãe!
É hora de se arrumar.

Prepara a cesta de piquenique
Toalha xadrez, lanche natural, suco, frutas e torta de frango
Esse passeio é esperado,
Já tem quase um ano.

Balança, sobe e desce na gangorra
Escorrega, cai na areia, solta pipa
Come algodão-doce e pipoca,
Chupa picolé.

O Parque é um lugar
Onde se encontram sorrisos
E os desconhecidos brincam
Como se fossem melhores amigos.

A luz dourada avisa, que é hora de ir embora
E no caminho para casa o menino fala:
– Ninguém consegue tudo isso num dia comum!
E você, há quanto tempo não vive seu dia de parque?

O DIA DE FRANCISCA

Maria da Conceição Custódio Valdivino

O Sol mais uma vez nasce
E Francisca se encontra na cozinha
Fazendo o café,
Limpando,
Sempre a mesma rotina.
O Sol já se foi, e a Lua já apareceu.
Francisca tentou ver onde errou,
Já que ela não viu o dia.
Não foi no jardim.
Não ficou parada na porteira azul.
Não olhou para as unhas do pé.
Não viu sua queimadura na mão esquerda.
Francisca não vê, ela apenas faz.
Triste e angustiada, senta-se na cadeira
De bambu e se desmancha em
Lágrimas.
E com o rosto molhado, olha o relógio na
Parede descascada.
E vai para a cama, planejando o novo dia,
Planejando uma outra rotina.
E o Sol mais uma vez nasce e Francisca se
Encontra na cozinha.

NAQUELE DIA

Jaqueline Bastos

O sol nascia como de costume, enquanto ela fazia planos
Sem saber que naquele dia sua vida mudaria
Esqueceria velhas dores e enganos
O destino a ajudaria

E lá estava ele acordando outra vez atrasado, tomando seu café amargo
Sem saber que naquele dia algo bom lhe aconteceria
Fazendo com que trocasse as lágrimas por um sorriso largo
Pois o decorrer do dia lhe surpreenderia

O relógio parou, sua agenda não encontrou
Seu coração disparou
Sentira como se houvesse perdido algo
Um sentimento de falta a dominou

Chegou desajeitado à reunião
E a viu pela primeira vez, e foi como se encontrasse em si mesmo algo
Algo como um sentido, uma razão

Eu vi quando aconteceu
O caso daquela manhã favoreceu
O universo conspirou

Seria uma manhã como qualquer outra, mas naquele dia o amor os encontrou

COTIDIANO SENSUAL
Alef Divino

Às vezes, sou criança; muitas vezes, adulto; e outras, idoso.
Quando sou criança, um sorriso se estabelece, a alegria vive solta, a felicidade não é um objetivo, é, apenas, um estado, ser e estar;
Quando sou adulto, eu fixo meu olhar, abraço, beijo, cheiro. Muitas vezes, quente; raras, frio. Aproveitar a vida é o objetivo.
Quando sou idoso, uma sabedoria invade meu ser, vejo o lado bom de tudo que acontece, aprendo, medito, escuto, falo, penso no futuro, lembro do passado e vivo o presente. O presente que Ele me dá todo dia.

O que posso escrever sobre mim?
Amo escrever, amo sentir o melhor de toda situação, não tenho tempo para parar. O presente é real, está aqui (não ali). Prefiro sentir o presente, sabendo que muitas vezes terá sofrimento, angústia, tristeza, mas sempre haverá uma luz, e essa luz me faz sempre ver o lado bom de tudo. Sempre há um grande aprendizado sentindo o presente.

Vivo a vida como se estivesse fazendo amor, seguro a vida nas mãos, toco nela na cintura, aconchego ela num abraço, a beijo no pescoço, sinto cada arrepio em cada toque, sussurro no ouvido, sinto a bochecha na minha, toco meus lábios nos lábios da vida, a beijo forte, em um belo momento seguro seus braços dominando-a até chegar num maravilhoso clímax. Sempre, todo dia, toda manhã, toda tarde,
toda noite até no fim da madrugada.
Sempre viver, sempre amar, sempre presente, sempre agradecido, sempre vivo.

EU SEI QUE TODO DIA É UM DIA

Leonardo T. Domingues

Eu sei que todo dia é um dia,
Todos eles um dia de recomeçar.
Talvez recomeçar aquele novo amor,
aquele novo livro que te faz tão bem
Ou recomeçar a conhecer a si mesmo e sua nova versão depois do sol nascer.

Eu sei que todo dia é um dia,
Todos eles pensando no nascer do sol de amanhã,
Quando não sabemos se estaremos prontos pra enfrentar mais um pôr do sol,
E quando nossas certezas sobre viver, se tornam tão incertas quanto ontem.

Em dias de verão me aqueço do seu amor,
Nos dias de inverno me cubro com a razão,
No outono, os ventos me levam de volta pra ti,
Na primavera, floresço em seu coração.

Eu sei que todo dia é um dia,
Talvez não se importe se em um deles eu não volte mais,
Somos restos de um dia de noite fria, amor
Aquilo que há muito tempo, o tempo deixou pra trás.

NOSSOS AMORES
Mara Pereira

Nossos amores de outrora, o advento do amor,
causavam-me tanto rubor,
enchiam-me as faces duma alegria imensurável,
parecia que não haveria fim.

Nos amores de outrora, encontrei o verdadeiro amor,
chegou sorrateiro, tomando-me inteira,
contemplamos o céu, suas inúmeras estrelas, mostravam o seu infinito,
deixando escrito, seria até o fim.

Contemplamos o raiar do dia,
o sol, com sua bondade a aquecer nossos corpos,
contemplamos juntos a joaninha colorida, as pétalas caídas,
toda a glória de um intenso amor.

Nosso amor de outrora
declarou nossos Eus, nosso Deus,
nos uniu num só corpo para crescermos,
não esmaecermos.

Nosso amor de outrora existiu, como muitos nunca viram,
nossos cabelos ficaram grisalhos,
nosso lar floresceu com as mais lindas flores,
também sob nosso teto desabrocharam nossos netos,
que se tornaram, nossas obras-primas.

UM DIA NO CIRCO
Neusa Amaral

Ainda me lembro: era uma manhã de setembro: fria, sombria...
Salto Grande, SP, acorda com um palhaço em suas pernas de pau:
"Senhoras, Senhores, Senhoritas, Senhoritos,
Chegou o circo. Criança não paga. Mulher, só a metade...

Espetáculo inédito! Não percam! Hoje, à noite, às 20h!
Lindas Dançarinas e Contorcionistas, Mulher de Barba,
Domadores de Leões e Elefantes,
E eu: O Palhaço Sossorriso!"

Meu Pai nos surpreendeu com os ingressos, mas não para a estreia.
Quantas expectativas! Cada segundo uma eternidade era.
Chegou o grande dia! Minha Mãe de alegria não se continha!
Nunca havíamos assistido a um espetáculo circense.

Era um circo de pano, dirigido por cigano. Cada cena, entremeio a músicas.
Como: "Chico Mineiro", de Tonico e Tinoco, levou minha Mãe à loucura.
Era a sua música preferida. Vivia cantarolando-a!
Aplaudia em pé! Parecia uma menina! Gritava: "Bis!!! Bis!!!"

O Palhaço Sossorriso só aparecia de improvisos;
Entre uma anedota e outra: lenço virava camisa,
Camisa virava cueca: era só sorrisos,
Naquela época, Sossorriso já distribuía flores à plateia.

As lindas Dançarinas levavam a plateia à loucura!
O domador de Leões, permeado por músicas,
Arrancava de todos um grito uníssono: "Bis!!! Bis!!!"
Este é o dia mais feliz de minha infância e da vida inteira de minha Mãe!

PAUSAS

Amélia Krobeld

No aguardo de algo acontecer,
Apreciando o vento à sua volta
Diversos pensamentos e reviravoltas,
A vida passa, mas ela volta.

DIA CLARO, CÉU AZUL

Artur Pires Custódio

Dia claro, céu azul, sol brilhando,
mas é noite:
Sem estrelas para enfeitar
o céu,
Sem vagalumes para suavizar
a escuridão,
Sem lua para romantizar
o coração,
Sem galo para anunciar
o amanhecer,
Sem amanhecer para renascer
o dia,
Sem dia para renascer
a vida...
Dia claro, céu azul, sol brilhando, mas por causa dela: é noite aqui dentro do peito...

CICLO DA VIDA

Francelmo Farias

Mais um ano, mais um dia.
Dia vibrante e cheio de euforia.
Pode ser terça, ou pode ser quinta,
Tanto faz, resumindo de forma sucinta.
Essa narração é a evolução do ciclo da vida.
Composta pelo passar dos dias, com sua vinda e ida.

O Sol nasce e morre todo dia.
E com ele, o ciclo do dia jazia.
O tempo passa como fantasia,
Trazendo momentos de alegria.
Corpo celeste sem desarmonia.
Renascer, ciclo infinito, teimosia.

Mais um ciclo se passa, assim como a terra em torno do sol.
E assim como o sol, renasço mais um dia, girassol.
Mais um ciclo do dia, mais um ciclo de vida.
Morrer e ressurgir como uma flor colhida.
Esse é o ciclo da vida construída,
Apenas um pouco a cada dia.

CADA DIA COM SUA BELEZA

Lillian Melo

Dias de muita correria
Dedicação e harmonia
Na equipe, sabedoria!

Aquele dia, quanta pressão!
Senti o toque do coração
No falar, quanta gratidão!

Dias de frio, a esperança por um fio
As palavras trazem calma
O saber começa a florescer
Precisamos entristecer?

Dias vão e dias vêm
A esperança se contém
A equipe sempre vem
Nunca falta ninguém!

No café, a parceria
Todo dia, harmonia
Entre sonhos e esperanças
Sempre temos muitas lembranças!

Quem espera, sempre alcança!
Aquele dia, extrema alegria
A vitória sempre chega
Cada dia com sua beleza!

TEMPO DO PORVIR
Lafrança

Roda moinho
Apanha vento
Ventania leve as dores
Sem convites
Incertos dias
Habitam meu Ser
Oh! Brisa,
energias outras,
faça aconchegar
Roda moinho
Gira, gira, gira
tempo do porvir
Talvez juntos, um dia,
dancemos a mesma canção.

O DESPERTAR
Juliana Ester Lunkes

E, devagarinho... uma janela se entreabre
Um tímido raio de sol consegue entrar
Uma brisa movimenta as cortinas
Traz um novo ar e, quem sabe, até o cheiro das flores

Um pássaro canta e é possível ouvi-lo
O entardecer traz um arco-íris... bem ao longe
Alguma estrela já ousa brilhar
E a lua aparece com toda sua honra, despertando a magia

Amanhece... o sol com sua luz vibra energia
Alguém passa na rua e, desta vez, sorri
E a janela, agora, deixa espaço para tudo entrar

À tarde... a chuva molha a terra para regar a esperança
E pela porta, então aberta
O vento carrega uma alva pena, que passa a enfeitar a sala de estar

Anoitece... uma vela se acende
E o pranto, acolhido, translitera-se em prece
Três respirações profundas, um sono... os olhos voltam a acreditar

Nova manhã... esta, tomada com toda força que o coração é capaz
Os pés tocam a terra descalços
As flores se abrem e algum animalzinho se aventura a visitar o jardim

Cores, sons, aromas... Movimento!
Corpo, coração, alma...

Uma canção preenche o lugar! Tudo dança!
E, a grande fonte (secreta) começa a jorrar!

VIVEMOS TODOS OS DIAS
Bébé

Ouvimos freneticamente
"Viva intensamente"
"A vida é só uma"
"Viva, pois ninguém sabe o dia de amanhã"
Quando na verdade
Nós morremos só uma vez
Mas renascemos e vivemos todos os dias
Não existe um jeito certo de se viver
Viver, é o que torna o dia fantástico
Como um dia de sol na praia
Ou um cobertor em um dia nublado

EQUINÓCIO

Mila Bedin Polli

O outono foi chegando de mansinho, sem perceber.
Meu coração foi ficando pequenino, sem querer.
O hemisfério sul muda de estação, mas meu coração sintoniza você.
O sol alcança o zênite... eu a minha mente.
A luminosidade diminui pouco a pouco, mas minha luz não se apaga num sopro.
As árvores tingem-se de vermelho e meu rubro amor transborda por inteiro.
De um lado do planeta: o outono.
Do outro: a primavera...
E nessa cadência outonal a estação se despede do verão enquanto meus olhos te avistam com paixão.
A noite cai igual.

CONJUGALIDADE ASTRAL
Télia Lima

A lua se oferece ao sol
Como amante fiel
A luz dentro dela penetra
E nasce o dia, no leito do céu

O derramar da luz do dia
É um espetáculo de poesia
A natureza comemora o momento
E abre as flores em agradecimento

Quando o sol surge ao céu
Saem os pássaros de suas casas
E nos inspiram com seu voo
A criar nossas próprias asas

O sol na sua pele traz vida
E nas plantas, faz alimento
Como o sol que insiste em nascer
Viva a vida enquanto é tempo

Então bom dia, sol!
Entra e senta para um café
Vamos contemplar o dia
Apenas sendo o que se é

POEMA DO TEMPO QUE TUDO LEVA

Lorde Gonzatova

Havia brisa e pássaros
Nuvens esparsas
Céu azul e quase silêncio
Parecia sábado
Mas era apenas o fim

Eu vi uma flor nascer
Do broto ao desabrochar
Era radiante a luz do Sol
Queria que o tempo parasse
E eternizasse o momento

Mas ele murchou a flor
Despetalou-a toda
Para que outra nascesse
E houve recomeço
Parecia domingo...

JOGO DE ASTROS
Clara Barreiros

O dia amanhece lá fora
mas eu e você ainda nem anoitecemos
Embolados nos lençóis, sorrimos um para o outro,
no conforto do nosso silêncio e na quietude da nossa satisfação

O canto de um passarinho rompe
as expectativas das buzinas metropolitanas
e um bocejo meu, quase um suspiro, rompe nosso
pacto de não encerrar a perfeição de noite passada

Eu preciso dormir, sussurro
E você precisa de café, ouço a resposta

É assim, no seu levantar,
que começa o seu dia e
no meu adormecer
que se encerra a manhã

Pisco umas duas vezes e te vejo sair do quarto
O cheiro de café eventualmente vai tomar conta do nosso apartamento,
mas aqui, no nosso quarto, ainda tenho seu cheiro em mim e o cheiro
de ontem e de amor como meu perfume. Tudo em você é explosivo e encantador.

Adormeço, anoiteço, aguardo você brilhar sobre mim de novo

SERENIDADE
Clara Barreiros

Meus olhos se abrem de uma vez só e
fitam as sombras que brincam no meu teto branco

Sinto o cheiro de uma nova manhã e
o convite de novas possibilidades

É primavera e as flores dançam para o tronco
que, soberano, as assiste

O jardim lá fora me convida,
quase como se esperasse que
eu me deixasse levar pela brisa deliciosa
que invade o quarto,
mas o chá não se prepara sozinho
e desço as escadas rumo à cozinha,
abrindo as cortinas na passagem pela sala
e deixando o sol brilhar aqui dentro também
a partir dos raios que me tocam, apesar da janela fechada

A vista é diferente e daqui
vejo um passarinho bebericar uma poça d'água.

Me preparo pra bebericar da poça que deposito na caneca,
junto das esperanças pra mais esse dia em que tudo, tudinho
promete calmaria e prosperidade

Eu me faço tranquilidade

VI...VER
Leonardo S. C. Campos

O sol brilha
Na cidade ou numa ilha
Com a mesma intensidade.

A diferença estaria
No que a gente faria
Usufruir ou menosprezar
Por não ser como eu queria?

Fatores que nos levam a desperdiçar
O azul do céu e a bela luz do dia
Que deveria ser sempre plena
Posto que é a mesma
Em Cancún ou na periferia.

"Eu prefiro em Cancún", você diria
E eu também, mas não deixe de perceber
Que aqui o sol também brilha
Basta olhar para cima
Perspectiva, ponto de vista
Escolha como vi...ver.

O DIA PARA UMA CRIANÇA!

Sonia Niehues

Para toda criança
Seria uma maravilha levantar,
Um grande beijo levar,
Seguido de um abraço,
E no meio do estardalhaço,
Acordar!

Sem compromisso ou embaraço,
Dia livre, com espaço,
Sem escola, lição
Ou estudar.

Muita brincadeira viria,
O justo, o motivo do dia.
No colo da avó ou da tia,
O sonho, o jogo, abraço.
Ah! Que colosso seria,
Acordar.

A felicidade serena,
A vida seria plena,
Nada mais a
Importar!

Para uma criança o dia
Cheio de esperança seria,
Na paz, na confiança
De que nada no mundo iria
Lhe machucar!

DIA
Telma Alves

Cheiro de café
Flores no jardim
Brigadeiro de colher
Batatas com alecrim
O sino de vento balançando
Canta suas canções
O cachorro deitado no banco
Vai roendo o osso distraído
Passarinhos nos galhos
Da jabuticabeira sem flor
Que ficou parada no tempo
Lembrança daquele amor
É a vida acontecendo
Como aranha tecendo a teia
Sem pressa, sem erro, sem dó
Da mulher sentada na varanda, só.

A ALMA DO MEU DIA

Marco Antonio Palermo Moretto

Quase todo dia quando acordo e abro a janela
Vejo o céu às vezes azul, às vezes nublado
Não importa, fico feliz e agradeço: estou pleno
Na manhã de cada dia o prazer de sentir a vida.

Quase toda tarde quando me entristeço e abro a janela
Vejo novamente o céu descorado, às vezes muito escuro
Não importa, fico amargurado e penso: que peso carrego
No calor ou frio de cada dia o desejo de dormir exausto.

Quase toda noite quando estou cansado e abro a janela
Percebo no céu o cintilar das estrelas, às vezes sorrindo
Não importa, fico extasiado ao ver a lua e sofro: as trevas predominam
Na escuridão da noite o silêncio profundo do universo.

Assim se constitui a vida, manhã, tarde e noite,
No frenético passar do tempo, na alegria e tristeza do ser
Cada dia seu mistério, o inimaginável que nos venda os olhos
Nas costas o peso de tudo. Imploro pelo sentido desse cenário.

Quando era criança o dia era mágico, risonho, amigo inseparável.
Aos poucos foi se afastando e me ameaçando, medo e dúvida.
Adulto vejo o dia acabar com muitas esperanças, cruel me sangra.
No futuro vai se esvaindo, desbotando, tornando tudo em pedaços.

DIA APÓS DIA
Graça Lopes

Eu: loba de mim
por não saber
viver sem sentir
sangro a garganta
dia após dia
com urras e uivos
a Lilith – a estranha
lua negra de antes e
de depois – d'Armstrong
e Gagarin.

O DIA AMANHECE!
Vera Raposo

Hoje cedo o galo cantou
Com uma sonora alvorada
Aquele canto me acordou
Achei que ainda fosse madrugada

Levantei, olhei pela janela
O orvalho cobria o gramado
O galo no poleiro parecia uma sentinela
Atento a qualquer um mais aprumado

O sol brilhante anunciava o dia
Os pássaros em suas danças matinais
Era mais um dia que nascia
O campo já dava sinais

A mesa posta nos convida
Para um gostoso café
Vai começar a lida
Todos já estão de pé

Tem a horta para molhar
As frutas no pé para escolher
As vacas para ordenhar
Os ovos no galinheiro colher

Como faz bem o dia no campo, isso é viver
Cai a tarde, o sol vai descansar
Desfrutando das belezas com prazer
Amanhã novo dia renascerá.

METAMORFOSE
Luzinete Fontenele

Por um amor imaturo
Padeceu aquela dama
Que desenhou ao seu modo
Belo destino ou um drama,
Mas o calhorda sujeito
Dela só queria a cama.

Por um amor mais maduro
Ela decidiu buscar,
Encontrou no amor-próprio
Razão p'ra modificar,
Então desse "sem noção"
Decidiu renunciar.

Fez operação sozinha,
Não usou anestesia,
Numa noite tão escura
Onde tudo lhe doía
Relembrou a falsa jura
E coisas que ele fazia.

Tirou-lhe de dentro dela
Num desafiante parto,
Enxergou luz noutro dia
Pela janela do quarto,
Numa fresta de poesia
Viu ele morrer de infarto.

A ESPERANÇA QUE RELUZ NO SOM DO SOL

Adrianna Alberti

Seis e vinte sinto meus ouvidos acordarem
ao som agudo da sinfonia das araras canindé.

Os dias ruins reluzem com o sol forte
através do céu de tons azuis tão brilhantes.
Meus pés pisam em ruas floridas de ipês coloridos,
esses belíssimos tapetes para olhos sem tempo.

Escorre como o inverno, horas estranguladas
entre os grossos dedos de uma ansiedade barulhenta.
Afogo a arritmia em três doses generosas de café,
novamente, abro mão do sono insuficiente
em sua espuma dourada.

Então,

deixo a mente chover nas cores vívidas do seu arco-íris,
minhas quimeras dançando com a miríade
incompreensível de suas tantas nuances.
Repouso de olhos abertos, imersa em suas formas abstratas,
reflexos de miragens de sonhos lúcidos.
Respiro o oxigênio em seus sons suaves.

Absorta entre lilases e roxos,
reverbero o sorriso esperançoso dos exaustos.

E tento, de novo.

DIARIAMENTE

Georgia Annes/Versos Soltos por Aí

Está tudo igual.
E ela se reinventa.
Ela tenta, tenta.
Na tentativa, erra.
Depois acerta.
Diariamente.
Seu tiro é certeiro.
Contém balas de amor.
Com formato de coração.
E sabor de alegria.
Cor-de-rosa e lilás.
Não corre mais do sonho.
Diariamente.
Vai ao encontro dele.
Sempre com um balão na mão.
Não tem não no seu dicionário.
Têm azuis, amarelos e esverdeados.
Serenidade, energia e esperança.
Faz do mundo dela.
Um lugar melhor de estar.
Diariamente.

DELEITE DAY
Maycon Gual

Diga ao dia deleite-me.

Pode me despir, mas sem pressa.

Cada segundo será um cheiro e cada minuto um beijo.

Assim, o tempo passa mais devagar.

Já atento agora é preciso um momento para ouvir o silêncio.

Um momento a mais para o silêncio.

Pronto. A calmaria está cultivada.

Na mesa tem café e bolo quente.

No peito, sonhos do tamanho da gente.

Se a estrada lá fora for sinuosa, aprenda a mexer um pouco mais o quadril.

Um bom rebolado não faz mal pra ninguém.

Chove lá fora? Celebre.

Faz sol? Celebre também.

São teus olhos a contemplar mais um dia de milagres batendo na tua porta.

Cuidado com a máxima do "Terei um dia longo". Penso que seria melhor substituir por "Terei um dia lindo".

Vista-se de sorriso e seja cura para aquele carrancudo que ousar tentar lhe tirar o entusiasmo.

Terá um dia de elogios, regozijos, abraços e afagos, talvez encontre até um(a) namorado(a).

Teu coração estará tão em paz que ao dormir até o sono será proteção.

Tua casa, abrigo. Teu medo, coragem. Tua ansiedade, serenidade. Tua dúvida, a certeza da vitória.

Desejo-lhe um Deleite Day.

SONETO DE SÃO JOÃO

Veridiana Avelino

Nas labaredas da fogueira de São João
Encontro afago no calor que me aquece
Como os abraços daquele moço do agreste
Que roubou minha vida com seu violão

Deixei minha casa, estudo, até meu nome
Insensata, me arrisquei na ventura do amor
E com um peito pesando de tanto amargor
Voltei maltratada, infeliz e insone

E se algum dia, moreno, você me vir na rua
Vá para o outro lado, finja que não me conhece
Seguirei cicatrizando, suplantando o desamor

Quero esquecer que um dia fui sua!
Para São João vou fazer uma prece:
Que você saia do meu peito e cesse com tanta dor.

BASTA UM DIA?

Anna Rodrigues

Dia? Um tempo controverso de ideias?
Uma junção de pequenas alegrias?
Uma chuva de infinitas possibilidades?
Um adeus sem palavras?

Um dia?
Um abraço tão necessário?
Um salto na desordem do caos?
Um desejo calado?
Um tempo inteiro agarrado?

Um dia, noutro dia?
Um olhar que corta a alma?
Uma rua sem saída?
Um mergulho embriagado na vida?
Um corpo que encaixa?

Um dia claro, noutro escuro?
Um perder-se em desencontro?
Um desejo desmiolado?
Um voar no coração?

Um dia, uma hora, um minuto, um segundo?
Um renascer imerso em graça?
Uma mágoa que não passa?
Uma ausência que transpassa?
Uma gota d'água?

Basta um dia para viver tanta poesia?

ENTRE UM DIA E OUTRO DIA
Anna Rodrigues

Num dia o teu olhar observa, noutro me cega.
Num dia as tuas mãos exploram, noutro me ignoram.
Num dia há desejos, noutro segredos.
Num dia me ama, noutro sufoca.

Entre um dia e outro dia há esse engasgo
na garganta.

Num dia me invade, noutro me exaspera.
Num dia me transforma, noutro vai embora.
Num dia me atormenta, noutro me consola.
Num dia há ardor, noutro furor.

Entre um dia e outro dia há essa ânsia no corpo.

Num dia há relâmpago, noutro vendaval.
Num dia há sossego, noutro desassossego.
Num dia te conheço, noutro me reconheço.
Num dia há vazio, noutro essência.

Entre um dia e outro dia sempre me perco
no pôr do sol.

ABRIL E NOVEMBRO
Ticiano Leony

Nós somos o encontro de abril com novembro
Quando meus olhos se encantaram, era fevereiro.
Ficamos, para sempre juntos, em dezembro,
Mas juntos vivemos o ano inteiro.

Nós somos o encontro de abril com novembro
Nossos filhos vieram em outubro e janeiro
Todo ano a primavera começa em setembro
Somos um do outro, o escorpião e o carneiro.

Nós somos o encontro de abril com novembro
Quase tudo que fizemos juntos, foi certeiro
Plantamos e colhemos, fosse junho ou dezembro
Você é chefe e eu não sou cozinheiro

Nós somos o encontro de abril com novembro
Vivemos lado a lado: onde um está o outro é vezeiro
Tudo que vejo no mundo, de você eu me lembro
Não choramos a escuridão, acendemos o candeeiro.

Assim vamos seguindo o caminho
A corda e o nó, a noite e o dia
A pipa e o vinho, a carta e o escaninho, a rosa e o espinho
Nada sou sem você, não existo sozinho.

INFINDO
Higor Benízio

Por um dia,
Fui aquilo que comi,
Que amei,
Odiei,
Mentiras que contei.

Lembro bem,
Da pena no peito,
Leve,
Solto.

Por um dia,
Percebendo com os pés,
Ouvindo o íntimo,
Provando do que me é inútil.

Pingos d'água fresca,
E,
Talvez,
Graça.

Por um dia,
Um dia,
Por uma vida.

SONETO DO DIA

Adriana Ranzani

Todo dia a sublime dádiva do fôlego de vida,
Regada pelo esplendor da natureza,
Esculpida pelas linhas complexas da singeleza,
Estampadas na vitrine da vida.

Beleza radiante florescida pelo milagre da vida
Um amor que se encontra e encanta,
Unidos pela melodia que afaga e acalanta,
Puro esplendor de momentos de uma vida.

Um coração repleto de inspiração,
Uma agradecimento para cada dia,
Uma flor para cada transpiração.

Rimas de amor translúcidas em paixão,
Regadas pela delicadeza de um novo dia,
Ritmadas pela força rutilante da emoção.

AURORA DE LUZ
Anamar Quintana

Hoje eu acordei
Muito antes do amanhecer
Pois você, aurora, raiar
Eu queria mais uma vez apreciar

Quando chegaste
Com todo teu esplendor, vestida de luz
Há um bom tempo, eu ansiosa esperava
Queria assistir o teu despertar

Apreciar tua beleza radiante
Teu jeito de menina faceira, com cheiro de flor
Acompanhada da sinfonia
Do canto de passarinhos

Aurora de minha terra
Enfeitada de véus de neblina
Alvorecer iluminado, relva orvalhada
Brisa fresca da madrugada

Preciso te sentir para lavar minha alma
Com gotas de orvalho, então,
Refrescar meu coração
Vem aurora, abra a janela do dia

Plena de luz, calor e poesia
Aquece e ilumina minha vida
Que necessita de tua beleza
Para ter inspiração e alegria.

INDAGAÇÕES PARA UM DIA DE OUTONO

Fátima Mota

O que fazer com essas urgências perdulárias
arrendatárias desse íntimo obstinado?
O que dizer a esse tolo,
é mister ainda permitir-se lascivar
e transmudar brevidades em algo mais perene?
Abstrações perduráveis!

O que fazer com essa hora ressabiada
tão igual a cão sem dono
Que me solicita com esse olhar entranhável?
Olhar que me dissipa!... Lasso...

Como abraçar o dia
corredeiras entre pedras
inquebrantável cachoeira escorregadia?
O outono amarela a poesia em minhas retinas. O que fazer com isso?

E ainda é tão somente um dia!

Acho que assentarei na pedra
minh'alma... deixarei escoar-se nas frinchas do dia.
Igual a cão sem dono. Ressabio-me!

ACORDAR COM POESIA
Cátia Porto

Há dias em que eu acordo a Poesia
e em muitos outros é ela quem vem me acordar.
Talvez porque a Poesia precise de uma certa alegria,
daquelas que aparecem sem ninguém as convidar.
Pode ser que goste de árvores - poucas ou em demasia,
onde, pela manhã, venham os pássaros festejar.
Não sei se prefere sol, chuva, tempestade ou calmaria,
ou um simples clima de amor que viaja terra, céu e mar.
Quem sabe até torça para que haja mais fé e harmonia,
equilibrando o mundo agora e no tempo que ainda virá.
Talvez até goste, às vezes, de um certo quê de nostalgia,
desde que seja apenas a inspiração para sonhar e versejar.
Ah, mas há também aqueles terríveis maus dias
nos quais somente a Poesia pode mesmo nos salvar.
E se ela não me acorda, distraída, perde a primazia
e aí é a minha vez de fazê-la despertar.
É ela quem aviva a beleza da obra que a vida cria,
onde pessoas e natureza encantam prosas por todo lugar.
E quando o dia começa e ela brinca com letras e melodia,
qualquer faísca de felicidade já é motivo para cantar.

FLORES E SOL, PARA UM NOVO DIA

José Fernandes

Calma!
Que o sol ainda virá, em luz,
Para iluminar nossa poesia!
Quando vi chegar aqui esperanças
de bons tempos...
Isso já seria um bom sinal ou
prenúncio de um novo dia!
Muitas vidas, com suas esperanças ali...
Outrora, eram conquistas por aqui...
Mas, cada uma delas se encontra
Na passagem de nossos dias!
Por que voar, se correndo chego?
Ou mesmo, por que correr,
Se caminhar é andar?
E se o viver,
É a única tarefa de todos os dias?
Não existe um sol, cruzando o horizonte,
Que venha perder seu brilho,
Pela escuridão da noite, e
Que não possa brilhar num novo dia!
Hoje, certamente, com um bom sol,
Volta-se a sorrir!
Vinde, aroma das flores,
E luzes de épocas passadas!
Em largas passadas, vinde!
Precisam vivificar meus dias...
Corram, ou fujam de mim, turvos tempos;
Que parece, mesmo,
Estar andando em passos lentos!
Apressa-te em trazer a luz...

A, que, mais esperada é...
Vêm bons dias!
Venham como os pássaros,
Que cantam no amanhecer de cada dia.
Hoje, certamente, acordei em brilhos!
Oh, ventos da aurora, trazem flores e sol;
Tudo que se espera, para capricho
da vida agora.
Estou buscando a canção de esperança
Para meu poema, em cada dia,
Onde eu possa me encantar com a vida...
Vinde bons tempos!
Vinde, bons ventos, para esse novo dia!

DEIXA VER, DEIXA VIR, DÉJÀ VU

Neto José

Nova estação, trimestre se aproxima
Outro mês que acaba, dia que termina
Certos, por termos feito mais e melhor
Corretos, em termos do que é bem-feito.

Justos, pra ser mais exato
Porque somos mais aptos
Poder nos orgulhar dos fatos
Podermos manter tudo intacto.

Dias concretos, embora com defeito
Mais dias querendo errar menos
Não é o fim, pois ainda temos
Mais que um caminho estreito.

Caminho, que vai e vem
Sem rumo, que dá voltas
Sem cercas, com porteiras
Com chutes, alguns tropeços.

Por quais caminhos transitaremos
Nem sempre ao destino vamos chegar
Um dia nossos objetivos alcançaremos
Convictos, porém, vamos continuar.

A passos largos, a passos retos
A revisar planos, a rever trajetos
Amanhã, hoje ou ontem, dizer a si:
Deixa ver, deixa vir um déjà vu!

24H DO DIA

Ana Laura Figueiró de Sousa

Um dia, outro dia e mais um dia.
Por mais que exista a rotina
Nenhum dia é igual ao outro.

Acordar, fazer o café, tomar banho e ir trabalhar
Por mais que o hábito resista
E se repita todos os dias
Tem coisas que devem mudar
Tem coisas que nos devemos permitir.

Permita-se, pelo menos um dia na semana ou no mês,
Fazer algo diferente! Tenha uma nova experiência!

Podem ser mudanças sutis como:
Mudar o trajeto, mudar a marca do café,
almoçar fora, conversar com um estranho
Visitar um amigo ou um lugar.

O tempo não para e não tem pressa,
Ele passa e nós passamos.
A quem devemos fazer valer as 24h de cada dia,
Se não a nós mesmos?

DIA DE DOMINGO (SEM TIM MAIA)

João Julio Diogo de Almeida

Tá tudo tão vazio e tão calado nessa manhã de domingo, que dá vontade de ir ao supermercado comprar fumo pro cachimbo.

Não fumo, mas a boca torta acusa um desdizer e uma vontade de correr, de sair por aí pra ver se volto, ver se desentorto.

Tá tudo tão calado que dá pra ouvir meu teclado como se fosse Olivetti (portátil), que por tátil só tomava dois dedos de cada lado, avexado!

Nem o sabiá cantou, nem bem-te-vi disse nada, nem as maritacas!!!
Elas, tão falastronas, devem estar recolhidas, sem bico, humanizadas...

Acho que nem o Boldrin vai contar causos hoje, de tão amuado que anda esse dia nublado que desandou os cantos, ou louvores e as cores.

Tá tudo tão vazio que nem o pedinte deu expediente, como se o mundo estivesse doente, como se a missa, cancelada, sequer fosse gravada.

Acho que até os santos estão de molho ou divina ressaca, no máximo um plantão de auréolas apagadas, pra não se ter de salvar mais nada.

Parece que a prece ficou meditada, mentalizada por mim, e o passar do rosário dá quase pra se ouvir, como meu teclado, doido pra teclar o FIM.

SONETO AMANHECIDO

Antonio Augusto Teixeira Pinto de Moraes

Ontem à noite até tarde e abstraído,
Peguei-me pensando muito em ti...
E com coração saudoso e contido,
Acalmado, eu contigo adormeci...

Hoje cedo, acordei meio distante,
De novo, peguei-me pensando em ti...
E assim, ao lembrar do teu semblante,
Encantado, eu contigo amanheci!

Um pensamento que insiste e passeia...
Quem sabe seja um sonho adormecido
Ou um sentimento que volta e volteia...

No entanto, despertado e contorcido,
Envolto em versos que a mente semeia,
Dedico a ti um soneto amanhecido!

NOVA AURORA
Aline Detofeno

Acordei e no seu abraço me afundei.
Demorei e me entreguei.
Aos seus braços me entrelacei.
E pelo amanhecer, me encantei.
Ao seu amor, celebrei.
De supetão, te beijei.
O seu nome eu notei.
Na rosa flor que ganhei.
Meses a fio escrevi.
E este dia eu vivi.
Cada instante esperei.
E o vestido enfim, coloquei.
O coração senti pulsar.
Meus dedos consegui firmar.
Com a caneta fiz rimar.
As palavras ditadas com o soprar.
O sol me fez corar.
E seu amor me fez colorir.
Passos unidos a subir.
Para toda dúvida dirimir.
A pergunta e o "sim".
Agora tenho você para mim.
Depois do sopro do clarim
Pude ouvir o canto do serafim.

CONTRAMÃO

Marineuma de Oliveira

Lá longe,
o barulho
do mar.

Aqui perto,
o canto de
pássaros.

Aos poucos,
o dia acorda
e a noite se vai.

Tudo parece
tão normal!

Só que não...

NO MEIO DO DIA

Wesley Lyeverton Correia Ribeiro

Sol escaldante,
Terra batida a fervilhar
E muita poeira
Nenhum inseto aventureiro
Tostar-se-ia, decerto

Árvores escassas defronte ao alpendre
Na minha quase súplica por um ventinho ameno,
Um pau-branco oferecia sua frondosa copa que quebrava o sol a pino
Depois do almoço era sagrado
À sombra do santo,
A cadeira balançava cadenciadamente
Para a frente, para trás
Cochilo e roncos desafinados

Tempos cíclicos
No meio do dia,
Cadeira sob o pau-branco
E pálpebras a pesar.

UM DIA, UMA SAUDADE

Marcos José de Vasconcelos

Um dia é um dia!
Mas existe alguma possibilidade,
Tudo pode acontecer, inclusive alegria,
Entretanto, um dia tem certa curiosidade,

Um dia é um dia!
Nasce o sol, brilha e aquece com variedade,
Ocorre que pode ficar nublado, chuvoso e até esfria,
Aí a luz do sol acaba com o frio, aquece e quara de verdade,

Um dia, será sempre um dia,
Único de possibilidade, alegria e curiosidade,
Seja com sol, seja com chuva, este é um dia,

Um dia em que o sol tem variedade,
Que desperta os pássaros e com as flores nos faz companhia,
Até o sol se pôr, quando se finda um dia e já ficou na saudade.

O DIA
Ronaldson Sousa

Impresso no jornal
número e calendário:
a carne do dia
é mera impressão.
Abre-se na janela a paisagem
a cidade diária: ausente e vária.

O dia é éter
pesa feito nuvem
carnadura de leveza e distância.

O dia não para:
há trabalho sob o sol
há acidentes nas estradas
ambulantes nas paradas
há plantio sem semeadura
cantos e benzeduras.

O dia e sua carne de sonho
mói feito moinho sem água
dói feito brilho em trilho
curvas e retas
sem vagão.

O dia sua engrenagem
sacoleja
acorda coração.

AQUARELA DE DIAS
D'Lourdes

Se segredo fosse talvez já soubesse
Da simplicidade do dia que amanhece
Instantes da alma na bagagem que acontece
E ousadia das fantasias que nasce.

Enxugue essas lágrimas
Seu sorriso, pérolas caríssimas
Aprenda com as nuvens tão anônimas
Após a tempestade, belíssimas.

Ah, se você assimilasse
Cada dia como esperança que renasce
Desnudo como grão que floresce
Viveria cada minuto com classe.

Cada dia é um universo único
Ciclo sem regras, show pirotécnico
Entre rir ou chorar, vale ser prático
Realizar e agradecer é mágico.

Ah, não deixe seus dias sem cor
Se turvos ou lilás seja seu pintor
Acorde e crie… Use cores com ardor
Abuse dos tons e nuances com sabor.

Ah, o dia é de todas as cores
Ah, colore com o perfume das flores
Misture nele tintas e licores
És o mentor de todos os seus quereres.

O (RE)COMEÇO DE UM DIA

Caroline Knup Tonzar

Alguns dias não começam com o nascer do Sol
Com o ato de escovar os antes
Com um bom café da manhã
Com a ida ao trabalho

Alguns dias começam no final da tarde
Outros, no início da noite
Com você, eu nem me lembro de como o dia começou
Mas me lembro de como terminou

Com você, eu não fazia questão de saber
O que era início, meio e fim
Mesmo assim, tive dias para cada uma das fases
E, dessa vez, não gostaria de me lembrar de como o dia terminou

A boa notícia é que os dias não só começam
Eles recomeçam e recomeçam, todos os dias
Cada dia uma oportunidade de esquecer
Ou de tentar consertar os erros

Ainda não sei quantos dias temos
Antes de nossos dias acabarem
Mas eu sei que, um dia, irei acordar
E aproveitar o dia como deveria ter feito antes

RENASCER
Dolores Calegari

A Vida é para ser vivida
Se vacilar, não verás a vida
Sobretudo, aproveite o seu dia
Pois cada manhã é dia de renascer.
Busque nas pequenas coisas
Motivos para sorrir e agradecer,
Ame-se, pois a felicidade só depende de você.
Receba os bons ventos que a vida lhe traz
Porque viver é extraordinário.
Cante uma canção
Escolha a que te faça por dentro dançar
Sonhe, invente e se reinvente
Ame, para ser amado
E se não for, não chores pelo passado
Realize-se e sejas feliz.
Não durmas no tempo,
A vida passa num piscar de olhos
E quando acordar, poderá ser tarde
Para os seus sonhos realizar.
Viver o dia de hoje é um presente
Saiba escolher as boas sementes,
E não deixe de acreditar em você.

RENASCENDO...
Eneida Monteiro Nogueira

Uma manhã aproxima-se,
O sol impõe-se em meio à névoa,
Apagando as luzes dos postes.
A terra o recebe,
As plantas o saúdam.
Um galo canta ao longe...
Estamos em uma cidade do interior.
De repente, surge um aroma de café fresco...

Mais um dia apresenta-se pleno!
Em uma fração de segundos, nasce uma esperança...
E com ela, uma possibilidade.
As manhãs podem ser recomeços aqui ou aí.
"Carpem Diem"

EPIFANIA

Eliane de Andrade Krueger

Um dia...
A noite prateada cai e te convida para dançar.
Envolta em seus véus diáfanos
Você reluta. Diz não. Fecha os olhos.
Mas ela te enfeitiça e te envolve em seus braços macios.
Na escuridão da noite adentro são par.
Valsam pelas estrelas suspirando silêncios
Sussurrando segredos, sonhando felicidades
Não contam horas passadas,
minutos e segundos são eternidades.
Mas a alma leve e suave entende, se rende
– é preciso morrer para renascer.
E na luz dourada do dia
A vida amanhece.

DIA DE SOL

Isa Oliveira

Mais um dia
Preciso dar aula,
Dar aula ao sol
Ensiná-lo a ser
Radiante como eu sou.

Mais um dia,
Um dia de sol
Preciso provar que
Eu Brilho melhor,
Ou que eu sou melhor

Não provar para as pessoas
Provar para mim mesmo
Que todos os dias
Eu posso fazer do meu dia
O melhor dia.

DIA EM ESPIRAL

Ana Barcellos

Não é oposição.
Mas complemento.
Dia-Noite.
Vida-Sonho.
Fora-Dentro.

Não tem linearidade.
Mas movimento.
Noite-Dia.
Lua-Sol.
Acolhe-Expande.

Não há binaridade.
Mas infinito.
Dia-Noite.
Inspira-Expira.
Calor-resfria.

E em espiral,
Cada dia, inteiro, é presente.
Tudo igual?
Não.
É sempre, sempre, diferente.

BOM DIA, VIDA!
Rozana Nascimento

O sol ensaia seus primeiros beijos,
Abro os olhos, agradecida, em prece!
Lá fora a realidade insiste e se afirma
Saúdo o dia que se inicia: bom dia, vida!

Lares, comércios, repartições, escolas...
Carros circulam com películas nas janelas.
Os garis passam recolhendo o lixo,
Alegria e dor gritam em sentimentos mistos.

Trabalhadores apressados se dirigem à labuta.
Uma mulher e seu filho, a caminho da creche...
A fábrica a espera para continuar a luta.
Os feirantes armam barracas de verduras e frutas.

Buzinas, sirenes, músicas, choros, risos...
Os cães ladram, os pássaros cantam.
Crianças correm atrás das borboletas,
Jovens sonham com o amor entre contas e letras.

Na linha tênue da existência, a dura lida,
Cruel e linda! Ao mesmo tempo que oprime, fascina.
A cada hora, a cada turno: susto ou rotina?
Segue a vida ou para a lida: mágica utopia!

No fim da tarde o astro-rei se recolhe,
Deixando as estrelas a enfeitar o céu.
Promessa divina que em plena escuridão,
O sol vai romper a noite, trazendo um novo dia!

SAGRADAS CONEXÕES A CADA DIA

Patrícia Adjokè Matos

Ao amanhecer o dia
Abria a janela e sorria
Não!
Não queria pensar em pandemônio nem em pandemia
Sim!
Estava ciente de tudo que lá fora acontecia
Mas resolveu manter a sagrada conexão com a natureza e consigo mesma
Seus ventos, seus cantos que traziam alegres cantorias
A arte da mãe/irmã natureza sempre nos ilumina e guia
Acalanta com suaves melodias
Ainda há amor pulsante
Eu sei e sinto
Eu sei e sou
amor
No espírito que não esquece
Da natureza que amanhece e se debruça ao longo do dia
A estrela sol sua luz irradia
Amor
Bálsamo que cura a dor
Mostrando caminhos a seguir com sabedoria.

ACONCHEGO MATINAL
Suélio Francisco de Souza

pão de queijo quente
café quente
leite morno quente
e uma chávena de chuva.

JANELA DA VIDA, DIA A DIA...

Rosa Gonçalves

Em pé, no parapeito da sacada,
a visualizar, na praça, dois seres
trocavam afagos incessantes
nem o vento conseguia passagem.
Bem próximo, um cão escondia ossos...
No outro banco, uma senhora sentada
tricotava uma pequena toalha...
Seria a Penélope do século XXI?

Nas árvores, folhas multicores,
as roseiras pediam água...
Em dias quentes, precisavam sobreviver,
suas pétalas desabrochavam, sem vida.
Em poucos instantes tudo se transformou...
O ocaso trouxe uma forte neblina...
A escuridão tomou conta da paisagem
no local elementos fixos da natureza.

Bem devagar, os olhos mudaram de direção...
O toque da campainha causou um disparate.
Seguiu delicadamente com a sua fineza,
a porta se abriu, óculos romperam a solidão.

ROTINA MATINAL
Leandro Souza

pela noite o é vinho tinto seco
e os beijos são sempre molhados
pela manhã um expresso
depois de com sexo
ter dormido e acordado
gostoso, encorpado e intenso
o acompanhamento do amor
sempre foi o pecado
deite mais uma vez comigo
enquanto ferve a água
para outro café ser coado

RECRIANDO A VIDA
Dani Sousa

Acordar e viver
Viver o hoje
Ser sempre forte
Fortalecer o ser

Sentir o viver
Nascer e sofrer
Viver o ser
Amar e crescer

Ainda sentindo
Agradecendo o viver
Esperando a morte
Contemplando a vida

Renascendo a cada dia
Recriando dia a dia
Imortalizando o ser
No nascer do dia.

FÉ A CADA ALVORADA
Grasiela Estanislaua Konescki Führ

Que no despontar da graciosa alvorada,
o meu sonho mergulhe na realidade
e a esperança insista na sua verdade,
acolhendo este meu exaustivo viver.
Que o deveras demorado se apresse em concretizar,
o desmedido apressado se ponha em meu lugar
e o tempo seja aliado para meu esperançado ser.
Que fatos diários se assentem numa só melodia
e na harmoniosa marcha, vou levando meu dia,
até o poente, de épico crepúsculo, do anoitecer.
E quando o céu na escuridão ficar,
olhando para o alto, eu possa avistar
estrelas brilhantes e a lua formosa,
num cenário que espalha perfume de rosas
no jardim de amor que repousa o meu benquerer.
Que o merecido descanso seja repousante,
no pernoitar tranquilo de paz reconfortante,
autorizando o vigoroso despertar
e, assim, viabilizar um afável e meritório conviver.
Fruindo a pragmática jornada que segue noutro dia,
desvencilhando todas as preocupações,
vislumbrando todas as soluções,
no empenho diário do hoje feliz
e de um futuro a resplandecer.

O ENTARDECER
Maria José Oliveira

O entardecer é um romance
Um efêmero instante
Em um olhar inconstante
Entre o sol e a lua.

Há um encanto
Nas cores que se misturam
Se confundem e se abraçam
Embebidas entre a dualidade
De ganhar a noite
E o dia perder.

O entardecer é um mistério
Sempre tem algo a dizer.
São ventos do fim e do começo
É enlace e desapego
Despedida e aconchego.

O entardecer é um romance
São as nuances do véu noturno
Abraçando os raios de sol
Já revestidos de noite.

REMANSO
Marilda Silveira

Quando minha mente se aquieta
e minha voz emudece
comungo com a natureza
Me deleito. Estou em prece

e os meus sentidos começam
um a um a despertar:
Inspiro o ar que é vida
ouço a brisa farfalhar
sorvo o orvalho da flor
que acabo de tocar
e suavemente vislumbro
os primeiros raios de sol

e assim desfruto meus dias
feliz a cada manhã
simples percepções me elevam
Sou inteira GRATIDÃO!

AURORA
Luiz Andrade

o abismo gritava
e não havia ouvidos para ouvir
a poesia buscava o poeta
em balbucio vão
dom quixote ainda lia
os cubanos não pensavam em revolução

bailávamos o silêncio dos astros
sobre a face escura da lua
enquanto os vulcões despertavam
o primeiro júbilo do dia.

DIA DE RESGATE
Isabel

Dias vêm e dias vão
Como no rio a corrente
A natureza não cessa
Na produção da semente

A flor nasce e desabrocha
Logo lhe cresce o pistilo
Dá asas à germinação
Perpetuando os estilos

Aves no céu, sol a pino
Esmero de singeleza
Tudo nos faz confirmar
Frutos de Deus com certeza

E pessoas maravilhas
Feitas com um pincel
Diferentes e tão iguais
Cada qual em seu papel

O dia vem e está escrito
Que tudo irá mudar
Cristo vem das altas nuvens
Prontinho pra nos levar

A Deus hoje eu agradeço
Por tudo que de mim fez
Pois Dele eu recebo tudo
E aproveito a minha vez

DIA DE CHUVA, CHUVA DE DIA

Fernanda de Oliveira Anhaia

Se ao menos eu me lembrasse
De onde veio o cheiro que me beija a face
Que só os dias chuvosos têm

Vento suave que me traz familiar rubor
Faz esquecer que um dia existiu dor
Eu. Hoje. Mais ninguém

Varre o carpete de flores na rua
Estremece a pele nua
Sussurra conforto para quem quer ouvir

Pergunto-me, ó céus
Quem derrama esses límpidos véus?
Acima das nuvens, da Lua e do porvir?

O meu pranto imita o da tempestade
O cinza que sinto beira a sua imensidade
E o bordado do Sol é meu também

O céu claro me guia a manhã
O chuvisco inunda minha lã
Escoa o que ontem não me fez bem
Eu. Hoje. Mais ninguém

BRISA
Richxrd Rxmillo

Um dia deixarei de existir,
mas vou surgir sem você ver
vou te tocar sem você perceber.

Vou estar ali,
aqui!
Por aí...
Em qualquer lugar, mas estarei com você.

Vou me tornar a brisa do amanhã.
O vento que vai secar suas lágrimas.

Você não me verá,
mas saberá que existo.
Quando o vento passar
e a brisa te tocar,
te beijar e sussurrar...

...te amo, meu amor.

PÉROLA DA MANHÃ
Sannyr

Lancei pela manhã minha rede ao mar,
No meu frágil barco, procurando remar,
Angústia e temor tomaram meu coração,
Era preciso mais que apenas remar,
Era preciso tomar coragem, olhar no profundo,
Sondar meu interior, tirar todo temor,
O que eu estava precisando,
Não estava no que era real,
Estava escondido em uma concha guardiã,
Eu precisava de um adorno na alma,
Que trouxesse doce calma,
Eu precisava de uma pérola da manhã!

17-03-2021

DIAS E DIAS
A Gaivota

Em todos os dias o que faz a diferença é a Fé.
A cada dia a fé se explica de certo modo.
Em outros dias, a fé só era justificada pelo sacrifício.
As tribulações diárias levam as pessoas a desvios.
Tudo mudou e o verbo amar nos dias atuais, não muda.
E o verbo se fez carne e habitou na terra e no coração dos homens.
Para defender o amor, Henrique VIII sacrificou João Fischer e Tomás More.
Naqueles dias e nesses dias ainda se mata por amor.
Com a máxima do verbo (Jesus) hoje em dia
"Quem ama não mata"
Por que em nossos dias ainda matam?
Nos dias de hoje, o maior pecado é tirar a vida.
As manipulações são investigadas e cassadas em nossos dias,
mas a vida é só uma.
Qual dia um humano ressuscitou?
Só Ele, o verbo, no terceiro dia.
Neste dia do perdão, não posso pedir a morte.
No último dia, o último pecado a ser combatido é a morte.
A fé leva ao dia da Libertação.

22-06-2021

MAIS UM DIA
Alexine Velinho

Mais um dia,
No meu viver.
Toda a mágoa
É pra não dizer
Que não sofri.
Todo passo mal dado
Deixado na esquina
Me ensina a sorrir.
Todas as luzes
Me aguardam no sono
Onde sonho ser quem sou.
E às vezes, falta-me coragem
Para abraçar a chuva.
Voo baixo
Como se fosse infinito.
E o céu sempre é tão azul…
Tão lenta é a nuvem que passa
Formando aqueles
"Carneirinhos"
Que sempre enxerguei!

SENSAÇÕES DE UM DIA QUALQUER

Thaís Solano

Ouvia os pássaros cantar lá fora,

sabia que era um novo dia.

O amanhecer esquentava o coração.

Na vitrola velha e puída tocava uma canção.

Todo dia era dia de se reinventar:

a vida,

os caminhos,

as palavras que costumava falar.

Todo dia era um novo dia para cantar aquela velha música, que toca alto o coração.

Todo dia um novo ciclo,

uma nova poesia,

uma nova forma de transbordar.

DIA
Carlos Daniel Dojja

Quando me antevejo despoético,
Como se desvestido do olho do sonho,
Mais me invade o perambular das palavras,
Tracejando o percursar do dia.

Ouço vozes para além da que trago,
Que em mim ressoam e se ateiam,
Feito lamparinas desacordadas,
Incendiadas de dias a percorrer.

Vejo mais alhures,
O que não desponta imediato.
Que me fisgam de outros versares,
Quando bastaria apenas ter-me
Tingido versos no dia que nasço.

O DIA DE SER FELIZ
Luiz Carlos Guglielmetti

Você não é um holograma,
uma imagem ou perfil virtual,
que aparece numa rede social.

Você não existe superficialmente,
não é apenas o que usa ou veste,
muito menos o que outros pensam,
falam ou escrevem a seu respeito.

Você é um ser autônomo, independente,
um emaranhado de sentimentos,
um universo por trás do seu olhar,
capaz de agir e pensar com razão,
mas que se influencia com emoção.

Você é um ser mágico e encantador,
que pode sentir e transmitir emoções,
e expressar os mais nobres sentimentos,
capazes de expulsar a letargia e a tristeza,
através das palavras e atitudes.

Você é muito mais que a aparência,
de uma feição jovem ou um corpo
que se movimenta por baixo das roupas.
Você é energia, ação e reação,
e agora chegou o seu dia de ser feliz.

TUDO QUE PASSOU
Tiago Coutinho Ramazzini

Muito estamos distantes,
De caráter temporário,
Mas não é uma constante,
Respeitando este cenário.

Nem sempre como escolhemos,
Por muito obedecemos,
O que se faz necessário,
Enfrentando este calvário.

Logo após em alegria,
Com paz, saúde e harmonia,
E reunir toda família,
Contar histórias do dia.

Forjada a suma esperança,
Agradecer que passou,
Sabemos que esta lembrança,
Pelo passado ficou.

TESOURO
Angela Guimarães

singela escultura de águas frias
sustenta meus sonhos no descanso azul
abençoado aquele que caminha por ti
pois conhece o tempo dos tempos
e tem os pés calçados com lágrimas

pudesse eu rolar por teus palácios encantados,
rir-me gasosa com o carinho dos ventos;
eu choraria a cada amanhecer
no lar dos corações leves
mas o meu ainda pisa no chão
e calça caramujos.

queridas, atlânticas e distraídas
pudesse eu rolar por teus palácios calados
oceano sobre oceano, vasto cobertor
sem começo e sem fim
que delicadas memórias te moldam
enquanto refletem a luz da maior estrela?

ventem-se e digam a quem amo:
chuva é quando alguma alma
visita o tesouro das nuvens
vê que tudo é lindo, e chora
fazendo do agora
um sonho aquarelado

SOBRE OS DIAS CONTAR
Cláudia Gerolimich

Ontem... eu queria saber chegar rápido
Mas fui tão rápido que ultrapassei.
Ultrapassei limites, não vi atalhos e perdi sinais.
Passos curtos ou largos, todos dados sem parar.
Andei muito mas sem em nenhum lugar chegar.
Oh pressa sem prestar.

Hoje... eu quero saber caminhar.
Sem ritmo nem passos previamente definidos
Mais atenta ao caminho
do que ao próprio destino que deveria chegar.
Seguir andando sem um ritmo ditar
Ora passos curtos, ora passos largos,
nem rápidos nem lentos.
Oh sorte não parar.

Amanhã... eu pretendo saber chegar.
Sem me preocupar em ficar ou partir,
Simplesmente do momento presente me apropriar.
O futuro, este não sei como
E nem pretendo adivinhar.
Oh benção não saber
o que está por chegar.

NOVA MANHÃ

Rossidê Rodrigues Machado

No despertar de uma nova manhã,
O sol correndo ao meu encontro,
Seus raios invadem a janela,
Eu, viva! Com fé, cara da sorte!

Mais um dia, ventura! Conquista!
Êxito, sucesso! Eu coleciono.
Passos largos! O futuro é agora!
Uma página, minha história.

Meu poder: Acreditar.
Posso ser melhor, me lapidar.
Espalhar sorrisos por onde vou.
Felicidade, meu desejo maior!

Só, nunca! Amizade preciso!
Um milhão de amigos! Irmãos!
Nesse planeta somos uma família.
Uma palavra nos une: amor!

Cada amanhecer, um estilo!
Evolução faz parte de mim.
Ao meu redor tudo me encanta!
Meu coração abraça o mundo!

HORIZONTE
Martha Cardoso

Um pedaço de território se avista,
as nuvens se dispersam
desponta no céu a paisagem adormecida.
Em volta, azul e branco se harmonizam,
a distância, o mar se guarnecendo.

Tudo que paira é ilusão
retraindo a multidão.
Em segundos se desnuda a fina relva
e a mata perene a repousar.

Caminha o céu aberto,
deslizando solitário à luz do pensamento,
puro e ímpio, como uma penugem
sem esconder o sol nascente...

E quando habita a fantasia
o sonho premente,
cálida lembrança vem à mente
trazendo consigo a alegria
pelo dia que renasce.

PEITO TEMPESTADE
Taiara Giffoni

Hoje vi uma fagulha
Em meu peito tempestade
Como a chama de uma vela
Não ilumina o todo
Mas gera claridade
É esperança

Pequena ponta de felicidade
Dos dias nublados
Em meu peito tempestade
Fez-se calmaria
Chuva forte virou garoa
Minha alma já não chora
Hoje comemora

Sobrevivi à frente fria
Aquecida pela pequena chama
Olhando para a vela da esperança
Amanhã não haverá peito tempestade
Amanhã é o dia
Que minha alma dança...

PONTO FINAL
Káthia Gregório

O céu nosso de cada dia
Diariamente nos apresenta
Através de suas cores
As páginas individuais
Do livro da vida

Através desta obra divina
O amanhecer sempre antecipará
Como dar-se-á o início, o decorrer
E o fim do dia

Exemplar de páginas limitadas
Individuais e personalizadas
Laudas com personagens e enredos
Vividos em qualquer tempo
Escolhidos em coautoria com o Criador
Permitido o livre-arbítrio do autor

O final da narrativa somente será sabido
Por alguns conhecidos
Que de perto ou de longe
Fizeram parte de sua história

O autor protagonista, este... Coitado!
Somente após sua passagem pela vida
Terá acesso sobre o fim de sua trama
Classificando sua própria obra
Em aventura, comédia, terror ou drama

UMA VÍRGULA DE PRESENTE
Ismênia Alexandre

Apenas isso...
Algo tão basilar,
Com um poder insigne
Pelo papel de superar
E contornar os obstáculos.
Basta consentir
As oportunidades...

Mesmo que não haja força,
Nem importância,
Nem mesmo vida "vivida".
Enquanto ela existir,
Poderá ser útil
Para dar continuidade
Aos novos sonhos...

Por isso, se acaso precisar
Não ouse dissipá-las
(Receba, doe, presenteie)
Com o que temos para hoje
Por isso, chamamos de presente
Basta fazer uso quando
e quantas vezes for necessário
Pois tem um poder inverossímil,
Permita-se uma vírgula...
Para recomeçar,
Pois tem um poder inverossímil,
Este simples sinal...
(Permita-se uma nova vírgula sempre que precisar!)

CONTENÇÃO

Breno Fittipaldi

Tem dias que é preciso conter os ânimos
Falar pouco, observar mais, ouvir com cautela
Não precipitar atitudes, nem deduzir fatos

Não transformar o amor antigo em ódio presente
Evitar as tempestades em copos d'água ou em xícaras de chá
Preservar o coração tranquilo e o corpo equilibrado

Tem dias que isolar-se é necessário
Ouvir uma canção da infância e jogar paciência
Limpar o pó dos livros e alinhar os quadros

Não deixar a dor da dúvida consumir a tranquilidade
Adiar a conversa agressiva e baixar o tom
Pensar nas palavras antes de pronunciá-las

Tem dias que é imprescindível controlar as vontades
Respeitar a liberdade do outro e o outro
Entoar um mantra pra acalmar a mente

Não violar os limites da decência e do querer
Tentar acreditar em Deus e no seu poder transformador
Livrar do desejo de vingança e definir o que é perdão

Tem dias pra morrer, tem dias pra reviver, tem dias pra ressuscitar
Tem dias pra se envenenar, tem dias pra sobreviver
Tem dias pra lamentar, tem dias pra interromper, tem dias pra continuar

Porém, sem absoluta exceção, independente do tempo, da estação
Todos os dias são pra amar a si próprio, se amar na mais profunda imensidão.

POESIAS QUIXOTESCAS (MOINHOS E VENTOS)

Rodrigo K.

Na vida, faço-me sonhar,
Invento moinhos,
Escuto o silêncio do mar.
Ao vento, caminhos,
Adivinho o céu do luar.

HOJE
Bibiana Iop

Hoje eu me perdoo
Por todas as vezes que chorei,
Pelos monstros que amei
E pelas dores que me afoguei.

Me perdoo por todos
Que nunca conseguiram se perdoar,
Absortos demais em seus medos
Para aprender a se amar.

Neste dia, eu me perdoo não uma,
Nem duas, mas quantas vezes
Forem necessárias
Para fazer as pazes
Enfim, com a minha alma.

PRIMAVERA
Srta. Cabernet

Amanheceu,
Um suave raio de sol me tocou,
Meu jardim floresceu
E eu acordei com o seu amor.
Me encantei
Por esse sentimento com aroma de rosas.
Eu te amei
Bem devagar, sem pensar nas horas.
Me apaixonei
Pela beleza desse teu sorriso.
Me mudei
E deste lar fizemos nosso paraíso.
Despertei teu olhar distraído para o amor,
Emoções nasceram e desabrocharam
Com um botão de flor.
Teu sabor
Tão doce quanto o mais puro mel,
Me leva a fundo nesse romance primaveril,
Tão melódico como pássaros a cantar,
E tão sutil...
Tão essencial para mim, como o respirar.
Me olhar assim
Me faz querer repousar em teus braços enfim.

AMANHECER
Alethea Silveira

O que é um dia?
Na vida, um segundo...
Será?
Pode ser tudo
O movimento é contínuo,
Às vezes, astuto.
Apenas um dia
Na imensidão de ser
Resgate ou missão?
Não sei dizer...
Como viver um dia?
Sentir ou ceder?
Um dia, um presente
Para se viver...
Assim prefiro entender
Passar para os sentidos
O melhor de mim,
O melhor de existir.
Quando penso no dia,
Sem me afetar pela melancolia,
Escolho viver o presente
Que foi dado a cada amanhecer...

DIAS E CAFÉ

Lidiane Telles

Dias frios que queimam os corações que pensam.

Passos nas calçadas
Folhas que caem
Temporal que se levanta
Chuva que amedronta

Se o café estiver na mesa,
Se o amor ainda estiver profano,
O dia foi dia.

SEMANÁRIO (HAICAIS)
Luis Lucini

antes da manhã
gota de orvalho cai,
outra escorre

                                        qualquer Segunda
                                        lençóis de seda sutil
                                        – aranha acorda

turva leveza
chuva de escrita fina
– ladainha líquida

                    na calçada fria
                    dançam folhas soltas
                    – pé de vento

uma folha cai
lento, o gato pisca
tarde outonal

                    vespertino cálido
                    entre folhas secas, uma
                    flor de laranjeira

noite pura
varanda, sobras e um rato
– a lua roída